JN417917

오아시스에서 잠을 깨다

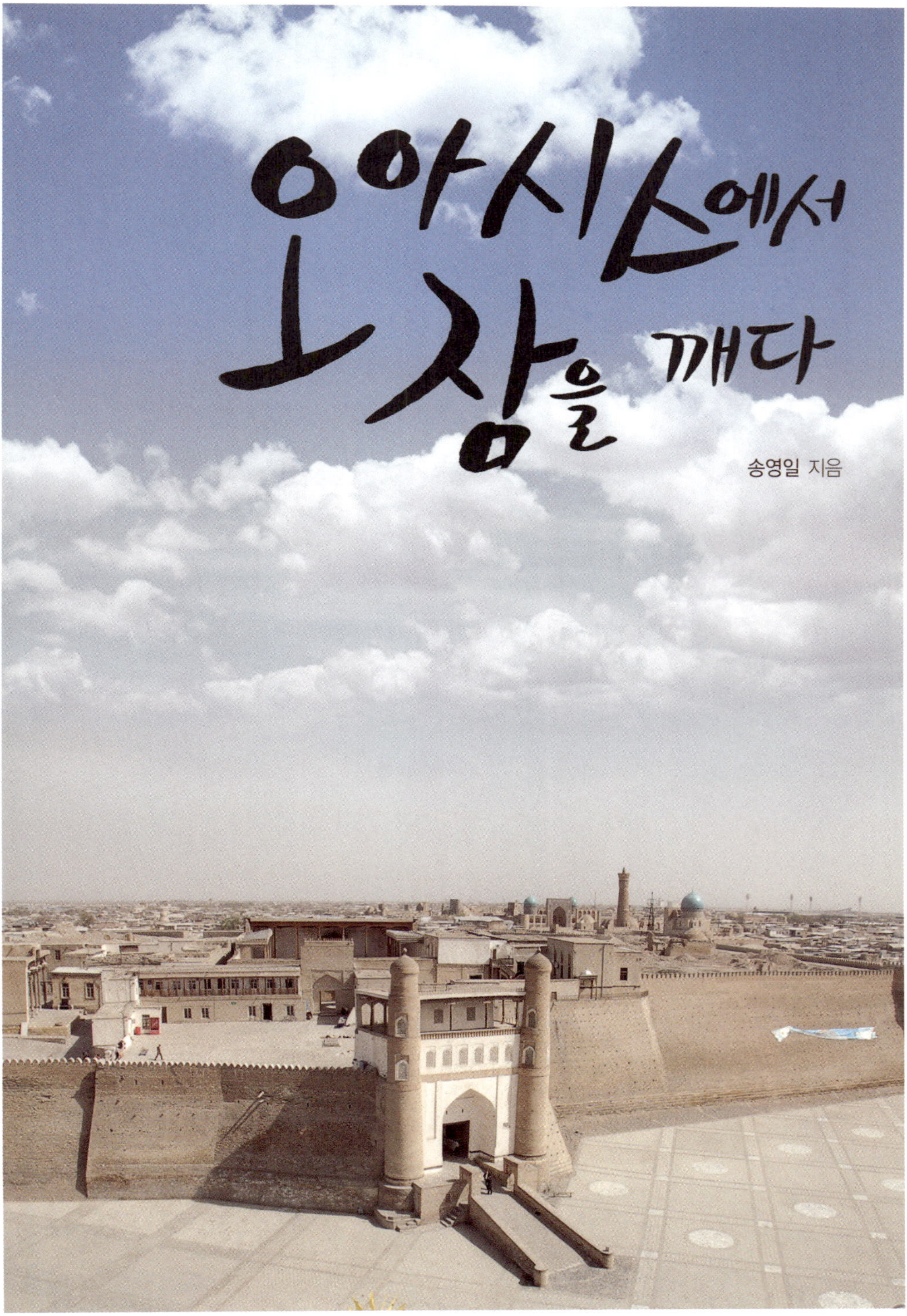

오아시스에서 삼을 깨다

송영일 지음

WORLD FRIENDS KOREA

KOICA 한국국제협력단

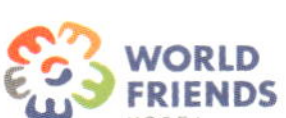

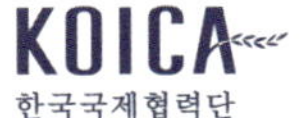

Do something for somebody everyday
for which you do not get paid.

-Albert Schweitzer-

경험담은 결국 자기자랑이다. 그리고 자기자랑에는 약간 혹은 큰 허풍이 더해져야 제맛이다. 내가 총알이 비 오듯 쏟아지는 전쟁터에서 의료봉사를 펼쳤고, 사람이 죽어가는 응급상황에서 재생(再生)의 기적을 수차례 일으켰으며, 걸어서 지구를 몇 바퀴 돌았다면 이 경험담은 기상천외한 이야기로 가득 차 사람들에게 독특한 즐거움을 줬을 것이다. 그러나 이 책은 필자가 우즈베키스탄의 작은 한방병원에서 우즈베크 사람들과 지지고 볶은 이야기가 전부다. 허풍을 더할 기본적인 여지가 별로 없다. 특별한 감동을 주기엔 좀 애매한 구석이 있는 이 이야기가 책으로 나온다니 기쁨보다 부끄러움이 앞선다.

부끄러움에도 불구하고 전달하고 싶은 이야기가 있다면 그것은 바로 '무모해도 괜찮다'라는 지극히 개인적인 경험에서 우러나온 조언이다. 돈을 바라고 일을 하는 것도 아니고, 큰 명예를 꿈꾸지도 않는 사람들이 봉사활동을 하면서까지 주저해서는 안 된다고 생각한다. 봉사활동이 앞뒤를 재고, 좌우를 살피며, 계산기를 두드려 가면서 해야 하는 일이라면 얼마나 피곤하고 지루할 것인가. 선의를 가지고 남을 돕는다는 대의명분을 따라 봉사활동을 펼치면 비록 무모하게 시작된 일이라도 결과적으로는 잘 해결될 수 있다는 약간은 진부한 이야기를 전해주고 싶다. 선의(善意)는 사람들끼리 서로 통하게 마련이고, 주변 환경은 결국에 봉사자를 도와주기 마련이라는 일리(一理) 있는 보충설명도 곁들여서 말이다. 해외봉사활동을 경험했던 사람들은 책을 읽고 내 이야기에 동감해주길 바라고, 해외봉사활동을 준비하는 사람들은 책을 통해 나보다 더 무모해질 준비를 해줬으면 한다.

이 책은 개인적으로는 복기(復碁)의 기록이다. 내가 했던 일들을 떠올리며 기록하는 일은 즐거운 일이면서도 스스로가 비참해지는 일이었다. 나의 무개념에 탄식이 나오기도 하고, 스스로를 비웃는 웃음이 나오기도 했다. 그럼에도 불구하고 이렇게 복기(復碁)를 한 목적은 앞으로 더 잘하기 위해서다. 자신의 문제점을 파악하고 다시 한번 문제와 맞닥트렸을 때 실수하지 않고 해결해 나가기 위해서다. 나는 새로운 봉사활동을 꿈꾸고 있다. 언제가 될지는 알 수 없지만 다시 한번 기회가 주어졌을 때 후회 없는 봉사활동을 펼칠 수 있도록 스스로를 연마하는 중이다. 이를 위해서는 오아시스에서만 잠을 깨는 것이 아니라, 일상생활에서도 항상 각성의 상태로 하루하루를 보내야 한다는 명쾌한 처방 또한 여러분들과 공유하고 싶은 바다.

보다 많은 사람들이 해외봉사활동을 떠났으면 좋겠다. 해외봉사단 파견을 비롯한 대외무상원조 사업이 더욱 활발해져서 대한민국의 국격(國格)이 한 차원 더 높아지고, 봉사자 개개인에게 자기 혁신의 기회가 많아지길 희망한다. 해외봉사활동을 다녀오면 자신의 삶에 어떤 이득이 생기는지 궁금하다면, 애플社 CEO 스티브 잡스의 말이 대답으로 절묘하다. "The journey is the reward(그 여정이 바로 보상이다)."

감사의 인사를 쓸 차례다. 먼저 한국국제협력단(KOICA, Korea International Cooperation Agency)에 큰 감사를 전한다. 해외봉사활동의 기회와 경험담 출판까지, KOICA는 나에게 큰 은인과 같은 존재다. 내가 보답할 수 있는 길은 KOICA 홍보라 생각하고 앞으로도 노력하겠다. 다음으로 한국·우즈베키스탄친선한방병원 식구들에게 멀리서나마 고마움을 전한다. 특히 우즈베키스탄에서 많은 가르침을 주시고 멋지게 사는 삶이란 어떤 것인가를 보여주신 김광락 원장님, 존경하는 형님인 박형진 선생님. 나와 같이 일하느라 피곤했을 안건상, 이길준, 신아름 선생들에게 감사를 전한다. 세 번째로 나의 스승님들께 존경과 감사를 전한다. 맥(脈)을 가르쳐 주신 겸재(謙齋) 정동주 교수님, 사암 침법을 가르쳐 주신 금오(金烏) 김홍경 선생님, 필자의 지도교수님이신 대전대학교 한의과대학 한방재활의학과의 오민석 교수님. 훌륭한 가르침 덕분에 제자는 대한민국의 한의사로서 자긍심을 가지고 우즈베키스탄에서 부지런히 활동할 수 있었다. 끝으로 언제나 철부지 아들을 믿어주시고 격려해주시는 어머니 이점순 여사와 내조의 여왕, 아내 김은경과 나의 천사, 딸 송유림에게 무한한 감사와 사랑을 전한다.

2010년 12월 1일

대전대학교 둔산한방병원 진료실에서

CONTENTS

3부. 우즈베키스탄 속의 한국

4부. 한국 · 우즈베키스탄친선한방병원

CONTENTS

5부. 위기 탈출

인생이 사막과도 같다는 절묘한 비유에 나는 탄복한다.

인생과 사막의 유사성은 사막의 모래들 간에 보여지는 유사성만큼이나 높다.

실제 사막을 걸어본 사람은 사막에서 이따금 불어오는 모래바람을 만났을 것이다.

그 바람은 거칠고 거대하여 피하려고 해도 피할 수 없다.

그저 몸을 웅크리고 모래바람이 멈추길 기다려야 할 뿐이다.

나는 모래바람 속에 있었다. 그러다가 오아시스를 발견했다.

오아시스에 가면 모든 것이 해결되리라 생각하고 달려갔다.

오아시스는 아름다웠으며 편안했다.

처음엔 오아시스를 구경하느라 정신이 없었고, 오아시스 탐험이 끝나자 지루해 했으며 빈둥거리다 그만 잠이 들었다.

깊은 잠이었고, 끝을 알 수 없는 잠이었다.

깊은 잠을 깨운 건 쥐와 고양이었다.

반쯤 잠이 깨어 목이 말라 냇가에 갔다.

나르시스는 물에 비친 자신의 아름다운 모습에 반해서 물로 뛰어들었다는데, 나는 물에 비친 내 무기력한 모습에 분해서 물로 뛰어들었다.

차가운 물속에서 정신이 번쩍 들었으며, 나는 묵은 때를 씻어냈다.

물 밖으로 나온 나는 오아시스를 떠났다.

상쾌한 목욕을 한 뒤라 사막을 두려워하지 않고 즐겁게 건너갈 힘이 생겼고, 다음 오아시스가 기다려졌다.

이 활동경험담이 여러분들도 찾아가게 될 오아시스에 대한 안내서이길 바란다.

내가 우즈베키스탄으로 간 까닭은?

오아시스에서 잠을 깨다

1

1

1

아웃 오브 아프리카

결국 우리 둘 모두 아프리카에서는 아웃 당하고 새로운 근무지가 정해졌다. 그간 에티오피아에 대해서 준비해 온 노력이 아깝기도 했고 우즈베키스탄이라는 생소한 국가에 대해서 다시 준비하느라 애를 먹기도 했지만 지금 생각하면 내가 우즈베키스탄으로 간 것은 백번 잘된 일이었다.

내가 국제협력의사 합격 소식을 들은 장소는 대전에서 서울로 올라가는 무궁화호 열차 안이었다. 그날, 한국국제협력단(KOICA, Korea International Cooperation Agency) 홈페이지에 합격자가 공지될 예정이었기에 나는 열차 안에서 문자메시지로 친구를 귀찮게 하고 있었다. 문자로 답을 주던 친구가 전화를 했다. 대학 입시 이후로 가장 떨리는 순간이었다. 덜컹거리는 열차의 소음과 섞여 전화기 너머로 "축하한다, 합격이네"란 말이 또렷하게 들렸다. 순간 자리를 박차고 일어나 객실 안 모두와 얼싸안고 기쁨을 나누고 싶었다. 하지만 뒤를 잇는 "그런데 임지가 우즈베키스탄이라고 돼있네"란 소식에 아쉬움인지 안도감인지 알 수 없는 감정이 밀물처럼 몰려왔다. 일시적 공황 상태에 빠져 누군가를 붙잡고 이야기를 나누고 싶은 마음이 간절했지만 정신 나간 사람이라는 소리를 들을까 봐 혼자서 몸을 벅벅 긁는 것에서 그치고 말았다.

애당초 내가 지원한 근무지는 아프리카의 에티오피아였다. 아프리카를 막연하게나마 동경하기도 했지만 2007년에 모집하는 13기 국제협력의사 중 한의사 정원은 단 1명으로 임지는 에티오피아였기 때문에 선택의 여지가 없었다. 지원서를 작성하면서 머뭇거림은 없었다. 어찌 됐든 나는 떠나고 싶었다. 나는 왜 떠나고 싶었을까? 사람들이 해외봉사를 떠나는 이유는 대략 몇 가지 범주로 나눌 수 있을 것이다. 아프리카 시에라리온에서 봉사활동을 펼친 일본인 의사 야마모토 토시하루가 쓴 《나는 아프리카로 간다》(달과소)에서 소개한 그 범주를 옮겨본다.

① 여행을 하며 세계 각지를 돌아다니는 것을 좋아함. 여비는 참가 단체에서 제공함.
② 개발도상국(또는 전쟁 중인 나라)에 흥미를 갖고 있고 그러한 곳에 가고 싶음.
③ 하고 싶은 일을 자기 나라에서 찾을 수 없어 꿈을 찾아 참가함.
④ 보통의 샐러리맨으로 사는 것이 불가능하고 자기 나라의 사회에 적응하지 못함.
⑤ 사회에서의 실패, 가정이나 연애 문제 등 과거의 굴레에서 벗어나고 싶음.
⑥ 단지 자유분방한 성격. 약간이지만 돈도 받으면서 세 끼 식사와 잠자리가 공짜임.
⑦ 연애를 아주 좋아하며 외국에서 애인을 찾아 성 생활을 만끽할 수 있을지도….
⑧ 영어회화 연수, 프랑스어 회화공부가 될 것 같음.
⑨ 깊은 생각은 없고 단지 좋은 일을 좀 해보고 싶음.
⑩ 국제자원봉사나 NGO란 말을 매스컴에서 듣고 멋지게 보일 것 같아 참가함.

⑪ 스스로 자신이 대단한 사람이라고 생각할 만한 경험을 해보고 싶음.

⑫ 종교적인 신념에서, 선교사와 같은 활동을 해보고 싶음.

⑬ 순수하게 인도적인 원조에 관심이 많음. 진심으로 사람들을 도와주고 싶음.

⑭ 국제자원봉사의 세계나 그 방법론(학문), 시스템 구축, 그 철학에 흥미가 있음.

⑮ 장래 WHO 등에 취업하고 싶어 이력이 갖고 싶음.

⑯ 장래 스스로 독자적인 NGO를 만들고 싶기 때문에, 사전에 경험과 정보를 수집하고 싶음.

내가 해외봉사를 결심한 이유 역시 단순하지만은 않았다. 여러 가지가 복합적으로 작용했었지만, 결정적으로는 ⑤의 이유가 컸다. 4년간의 힘든 한방병원 수련의 생활에 많이 지쳐 있었고, 무덤과 같은 진료실에서 펼쳐질 내 인생이 못 견디게 짜증스러웠었다. 자신의 직업에 흥미도 잃고 재미도 찾을 수 없는 좀비(Zombie)와 같은 삶이 나를 짓눌렀다. 몇 번의 연애는 모두 실패로 끝났고, 빠른 결혼을 종용하시는 어머니의 압박은 만만치 않은 부담이었다. 어디론가 확 사라지고 싶은, 모든 일에서 손을 놓고 싶은 마음이 간절했었다.

나는 먼 아프리카에서 혼자 3년간 살다 오겠다는 첫째 아들을 필사적으로 말리시는 어머니를 설득하느라 애를 먹어가며 지원서를 냈다. 서류전형 결과 합격자는 총 4명이었다. 4 대 1. 안타까운 일이지만 네 명 중 한 명만이 아프리카에 갈 수 있었다. 국제협력의사가 되는 합격 비결을 알아보니 선배들은 미혼보다는 기혼이 합격할 가능성이 많다고 조언했다. 한 달 안에 결혼할 수도 없는 일이니 면접전형에도 갈 필요가 없으리라 생각하며 내심 포기하고 있었다. 하지만 한의사 사회가 워낙 좁은 터라 나머지 지원자 3명도 모두 미혼이라는 사실을 금세 알게 되었고, 서로의 대략적인 이력도 알게 되었다.

결국 면접에서 모든 일이 결정 날 것이었다. 면접을 위해서 많은 준비를 했다. 면접관이 누가 나올지, 무슨 질문이 나올지 예상을 할 수 있을 정도였다. 지금 신촌 세브란스병원 국제진료센터에 계시는 인요한 교수님이 면접관으로 나오시리라 예상하고 영어공부도 열심히 했고, 9기 국제협력의사였으며 지금은 순천향대병원 외국인진료소에서 근무하시는 유병욱 교수님도 면접관으로 나오시리라 예상하였다.

면접에서 좋은 성적을 받기 위해 에티오피아와 KOICA 관련 자료를 다 찾아 외웠다. 심지어 어느 선임 선생님이 했던 것처럼 강한 인상을 주기 위해 에티오피아에 대한 자료를 두꺼운 파일에 정리해서 면접 시 들고 가려고 했다. 아프리카에 관한 서적을 구입하여 읽어 갈수록 아프리카의 매력에 점점 빠져들었다. 아프리카에 한의학을 널리 보급해 보겠다는 막연한 의지도 생겼었다. 면접을 기다리던 어느 날, 에티오피아와 소말리아가 전쟁 일보 직전이라는 뉴스가 들려왔다. 이 때문에 어머니의 반대는 극에 달했지만 나는 전혀 마음을 고쳐먹을 생각을 하지 않았다. 오히려 하루라도 빨리 아프리카로 가고 싶은 마음뿐이었다.

면접을 보던 중, 한 면접관이 혹시 우즈베키스탄이나 몽골로 가서 근무해도 상관없냐는 질문—그때 당시에는 이게 어떤 의미인지 정확히 이해하지 못했다—을 하셨다. 남극이나 사하라사막, 심지어 달로 가라고 해도 나는 머뭇거림 없이 갈 생각이었다. 사실 나에게 임지는 중요한 것이 아니었다. 나는 그 당시의 지겹게 반복되는 일상에서 벗어나는 것만으로도 감지덕지할 뿐이었다. 면접을 마친 후 한의사 지원자 중 두 명은 면접전형에 오지 않았다는 소식을 들었다. 집안의 반대가 심했다는 후문을 들었는데 어찌됐든 경쟁률은 낮아졌다. 이제 두 명 중 한 명만이 국제협력의사로 근무하게 되었다.

면접 결과를 기다리는 동안 둘 중 하나는 떨어진다고 생각하니 불안하고 초조해서 밤잠을 편히 이룰 수가 없었다. 성당과 교회, 절에 가서 기도를 하기도 했고, 불안한 마음에 인터넷으로 사주를 보기도 했다. 그만큼 나는 절박했고 꼭 가고 싶었다. 이번이 아니면 다음에 갈 수 있는 그런 차원의 문제가 아니었기 때문에 더더욱 조바심을 냈는지도 모른다. 떠날 수 있는 기회는 오직 한 번뿐이었던 것이다.

면접전형 결과는 글을 읽는 여러분들이 아시다시피 난 합격했다. 임지가 우즈베키스탄으로 바뀌어서 아쉬움이 많았지만 만족했다. 그리고 나머지 한 명도 합격했다. 나와 같이 훈련 받은 13기 국제협력한의사인 경혁수 선생님 역시 에티오피아가 아닌 몽골에서 근무하게 되었다. 결국 우리 둘 모두 아프리카에서는 아웃 당하고 새로운 근무지가 정해졌다. 그간 에티오피아에 대해서 준비해 온 노력이 아깝기도 했고 우즈베키스탄이라는 생소한 국가에 대해서 다시 준비하느라 애를 먹기도 했지만 지금 생각하면 내가 우즈베키스탄으로 간 것은 백번 잘된 일이었다.

지금 전 세계 43개국에서 1600여 명의 KOICA 봉사단원이 열심히 봉사활동을 진행하고 있다. 모두에게 격려의 박수와 응원을 보낸다.

2

3년

재미있는 것은 '3년간 오로지 봉사하면서 살고 싶다'고 말한 것을 애써 지키려다 보니 그 3년이란 시간을 헛되이 보내지 않았다는 것이다. 산 대로 말하는 것이 아니라 말한 대로 살아버리고 말았다.

해외의료봉사란 말은 한의사, 의사, 치과의사 할 것 없이 많은 의료인들의 가슴을 설레게 한다. 질병으로 신음하는 타국의 환자들을 진료하는 것은 쉽사리 체험할 수 없는 귀중한 경험이며 의료인으로서의 자긍심을 느껴볼 수 있는 일이기 때문이다. 지금 이 순간도 인천국제공항에서는 해외의료봉사를 위해 많은 분들이 비행기에 오르고 있을 것이다.

우즈베키스탄으로 떠나기 전, 주위 사람들을 만나면 국제협력의사 지원 이유를 나름대로 근사하게 부풀려 이야기하곤 했다. 군 복무를 대체하는 국제협력의사는 특별한 해외체류 경험을 해볼 수 있다는 것뿐만 아니라 나의 일인 한의사라는 직업이 한국뿐만 아니라 세계 속에서도 인정받을 수 있는 기회를 가질 수 있을 것이며 또한 무엇보다 내 인생의 3년간을 다른 일에 눈 안 돌리고 오로지 봉사만 하면서 살아보고 싶다는 이야기를 하곤 했다. 그렇게 떠들고 다니다 보니 어느새 스스로 세뇌되어 갔다. 재미있는 것은 '3년간 오로지 봉사하면서 살고 싶다'고 말한 것을 애써 지키려다 보니 그 3년이란 시간을 헛되이 보내지 않았다는 것이다. 산 대로 말하는 것이 아니라 말한 대로 살아버리고 말았다.

제2의 슈바이처 박사가 되자고 국제협력의사를 지원한 것은 아니었다. 평생 봉사만 하면서 살아갈 자신도 없었다. 내가 국제협력의사에 관심을 가지게 된 것은 대한민국의 건강한 남자라면 당연히 의무적으로 짊어져야 하는 군복무에 대한 고민에서부터다. 주위의 많은 친구들은 공중보건의를 선택했다. 병역의무 대신 3년 동안 농어촌 등 보건의료 취약지구에서 공중보건 업무에 종사하는 것도 보람찬 일일 것이다. 몇몇은 군대 내에서 보건 · 방역 · 진료업무를 담당하는 장교로 임관하는 군의관을 택했다.

나 역시 군의관이나 공중보건의를 맘에 두고 갈등하다가 국제협력의사제도를 알게 되었다. 현실에서 떠나고 싶을 때 떠난 것도 아니고, 안 떠난 것도 아닌 어중간한 상황은 겪고 싶지 않았다. 아주 멀리 가버릴 수 있는 국제협력의사는 그래서 매력적이었다.

하지만 주변 사람들은 3년이 너무 길다고 말하였다. 3년간 외국에 나갔다 오면 그만큼 뒤쳐진다고 충고를 해주는 선배도 있었고, 너무 외롭고 힘들 것이라고 걱정도 많이 들었다. 친구들 중에도 국제협력의사제도에 관심을 가지다가 3년이라는 근무기간에 부담을 느껴 포기하는 것을 많이 보았다.

하지만 나는 3년이란 시간을 받아들이기로 결정했다. 3년이면 중학생이 고등학생이 되고, 고등학생이 대학생이 되는 긴 시간일 수도 있겠지만, 내가 경험한 바로는 3년은 적당한 시간이었다. 1년은 적응 기간이었고 다음 1년은 본격적으로 활동하는 기간이었으며, 마지막 6개월에서 1년은 정리하는 기간이라고 생각했다. 물론 기간상 적당하다는 이야기지, 내용상으로 적당하다는 이야기는 아니다.

3년 동안 나와 함께한 KOICA 가운, 다시 한 번 이 가운을 입고 봉사활동을 하고 싶다.

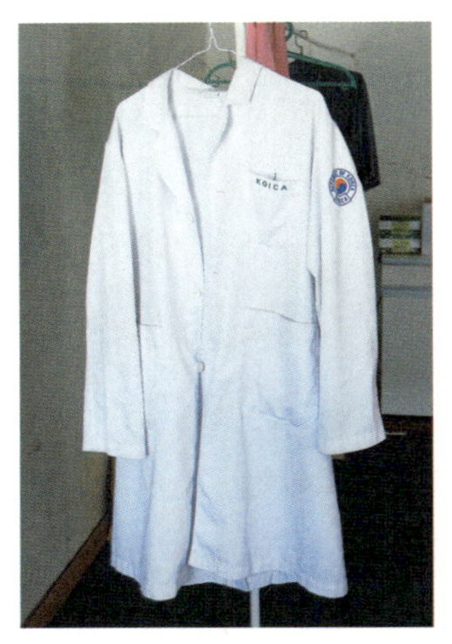

3년이 나에게는 하루하루가 '오도독오도독' 맛있는 순간이었지만, 3년이 지긋지긋한 시간이었다고 고백하는 사람도 있었다. 내가 보기에는 무한한 가능성을 가지고 있는 사람이지만 해외봉사활동 생활에 싫증을 내고 중도에 떠나는 사람도 있었다.

결국 보람찬 봉사활동은 스스로 만들 수밖에 없는 노릇이고, 봉사하러 갔다고 해서 자기 마음대로 봉사만 실컷 할 수 있는 것도 아니었다. 봉사는 노력이고, 노력에 따라 그 열매의 당도는 결정된다는 사실을 꼭 알아줬으면 한다.

3
국가대표

한국한의학이 세계무대에서도 그 진가(眞價)를 평가 받고 세계의학 발전의 밑거름이 될 수 있다고 생각했을 뿐만 아니라, 더불어 대한민국 원조사업의 중요한 일부분으로 자리 잡아 나갈 수 있을 거라고 믿었기 때문이다.

2007년 KOICA는 총 19명의 국제협력의사를 선발하였다. 19명의 국제협력의사는 15명의 의사, 2명의 치과의사와 2명의 한의사로 구성되었다.

우리 모두는 2007년 3월 15일 논산 훈련소에서 얼굴을 마주하게 되었다. 아무리 군복무를 대체하는 국제협력의사라 해도 4주간의 군사훈련은 받아야만 했다. 30대의 텁수룩한 아저씨들이었던 우리는 4주간의 군사훈련을 거쳐 나름대로 멋진 사나이로 거듭났다.

4월 12일에 군사훈련을 마친 후, 곧바로 4월 18일부터 일주일간 경기도 이천 유네스코훈련소에서 국제협력봉사요원과 합류하여 국내합숙훈련을 받았다. 다양한 분야로 파견되는 국제협력봉사요원들과의 만남은 짧았지만 즐거웠다. 모두가 남자였기 때문에, 군인 신분이었기 때문에 그랬던 것 같다. 그리고 모두가 곧 떠나야 했기 때문에….

4월 25일부터 27일까지 연세대학교 열대의학연구소에서 진행된 수업을 마지막으로 모든 훈련은 끝났다. 이제 모두가 해외에서 활동하며 선진의료원조를 해나갈 수 있는 준비가 되어 있었다.

같이 훈련 받은 우리 모두가 그러하지만 파견되는 한의사 수가 적다 보니 나는 자연스럽게 한의사 국가대표가 되어 많은 책임감을 느꼈다. 나 하나 편하자고 선택한 일이었지만 이제 나 자신만 생각할 수 없는 처지가 되어 버린 것이었다. 내가 잘해야만 선배들이 이룩한 업적에 누가 되지 않고, 후배들에게도 국제협력한의사로 활동할 수 있는 기회가 더 많아질 거란 생각이 들어 부담감도 꽤 컸다. 하지만 자부심이 더 컸다. 나의 진료 활동은 곧 한국한의학을 세계에 알리는 일이라는 것에 큰 긍지를 가졌다. 한국한의학이 세계무대에서도 그 진가(眞價)를 평가 받고 세계 의학 발전의 밑거름이 될 수 있다고 생각했을 뿐만 아니라, 더불어 대한민국 원조사업의 중요한 일부분으로 자리 잡아

13기 국제협력의사의 국내 훈련소 기념사진, 우리는 대한민국 대표로 선진의료원조에 앞장서고 싶었다.

나갈 수 있을 거라고 믿었기 때문이다.

하지만 문제는 막연한 생각만 했지 구체적 실천에 대한 고민은 언제나 뒤로 미루었다는 점이다. 꼼꼼하지 않고 무작정 일을 벌려놓고 보는 성격은 이번에도 어김없이 발휘되어 국가대표란 생각과 자부심만 가득하고 어찌할 바를 몰랐다.

그렇게 준비 없이 떠난 우즈베키스탄에서 내가 보낸 3년은 그야말로 우여곡절(迂餘曲折), 다사다난(多事多難), 파란만장(波瀾萬丈), 좌충우돌(左衝右突)의 시간들이었다. 그 시간 속에서 나는 진정한 한의사 국가대표로 거듭나기 위해 노력할 수밖에 없었고, 그 노력이 헛되지 않고 조금이나마 빛을 발하게 되어서 다행이다.

내가 사랑한
우즈베키스탄

오아시스에서 잠을 깨다

2

2

1

내겐 너무 어려운 러시아어

유엔 근무자가 뽑은 가장 어려운 언어 1위가 '러시아어'이며 2위가 바로 '한국어'라는 조사 결과를 보게 된 것이다. 다른 나라 사람들은 1위, 2위 언어를 다 공부해야겠지만, 나는 2위 언어는 완벽하게 구사할 줄 알고 1위 언어만 남았으니 그나마 다행이라는 생각이 들었다.

2007년 5월 11일, 어머니와 여동생이 공항에 배웅을 나왔다. 비행기 탑승을 위해 마지막 인사를 나눌 때 나는 자못 심각하게 이야기했다. 어머니께 3년 동안 곁에 없을 테니 건강 잘 챙기시길 바란다고 당부하고 여동생에게는 나 대신 맏이 역할을 해 달라고 부탁했다. 정말 3년 동안 가족을 못 본다고 생각하니 와락 눈물이 솟구쳐 올랐다. 그렇게 나는 가족을 뒤로 하고 우즈베키스탄으로 떠나는 비행기에 몸을 실었다.

7시간의 비행 후 우즈베키스탄에 도착했을 때 나는 텁텁한 더위에도 불구하고 편안함을 느꼈다. 그것은 신규 단원을 마중 나온 많은 KOICA 봉사단원들 덕분이었다. 처음 만나는 사람들이었지만 오랜 시간 같은 길을 함께한 길동무를 만난 것처럼 반가웠다. 선배 단원들의 친절한 도움으로 우즈베키스탄에서의 적응은 생각보다 쉽게 이루어졌다.

우즈베키스탄에 도착해서 훈련 기간 한 달 동안은 현지훈련(러시아어 수업과 기타 교양 교육) 받고 밥 먹는 게 일이었다. 우즈베키스탄 밤거리가 위험하다는 선배 단원들의 겁박에 아침 일찍 러시아어 수업을 받고, 점심 먹고, 오후 훈련 받고, 저녁 먹고, 어두워지기 전에 집에 가서 자는 게 하루 일과였다. 그런 일과를 한 달 동안 계속했다.

빨리 현장에 투입돼서 가슴이 뛰는, 가슴이 터질 듯한 일을 하고 싶었다. 야생마를 붙잡아 경마장 우리에 가둔 격이라고 넋두리를 할 만큼 스스로에게 자신 있었다.

그러나 이런 야생마의 자신감은 러시아어를 조금 배우고 나니 줄행랑을 놓고 말았다. 도대체 이렇게 어려운 말이 세상에 있다니! 발음이야 둘째 치고 단어 하나가 6개의 형태로 변할 수 있는 러시아어의 특이한 어법에 기가 질렸다. 단기간의 학습으로는 도저히 러시아어를 깨우칠 수 없다는 것은 자명한 사실이었다. 누군가 말했다, '어설프게 아는 것은 모르는 것만 못하다'고. 게다가 배워도 잘 알 수 없다면 안 배우는 게 정신건강이나 재정에 오히려 득이 될 것이다. 나의 정신건

3년 동안 러시아어를 가르쳐 주신 발렌찌나 선생님과 함께.

강과 재정을 위해 러시아어를 멀리 하고 영어나 열심히 공부하고 싶었는데 재밌는 사실을 하나 알게 되었다.

유엔 근무자가 뽑은 가장 어려운 언어 1위가 '러시아어'이며 2위가 바로 '한국어'라는 조사 결과를 보게 된 것이다. 다른 나라 사람들은 1위, 2위 언어를 다 공부해야겠지만, 나는 2위 언어는 완벽하게 구사할 줄 알고 1위 언어만 남았으니 그나마 다행이라는 생각이 들었다. 그리고 러시아어권 나라에서 러시아어를 멀리하고 영어를 공부하는 것은 왠지 학창 시절 수학 시간에 영어 공부하는 것과 비슷한 학습 효과를 낼 것이 분명해 보였다. 그냥 '못 먹어도 go'(어떤 의미에서는 '자동 go'다) 하기로 결정하고 3년 내리 러시아어를 공부했다. 그렇게 3년 정도 하니 그럭저럭 중급 수준의 러시아어는 구사하게 되었다.

내가 우즈베키스탄에 와서 참 잘했다고 생각하는 것이 두 가지 있

3년 동안 색소폰을 가르쳐 주신 드미트리 선생님과 함께.

는데 하나는 러시아어를 꾸준히 중얼댄 것이고 다른 하나는 색소폰을 꾸준히 불어댄 것이다.

2

우즈베키스탄? 오즈베키스톤!

이래저래 우즈베키스탄어의 경쾌함을 유지하기가 쉽지 않은 상황이지만 우즈베키스탄 사람들은 자신들의 민족과 언어에 굉장한 자부심을 가지고 있다. '우즈베키스탄'이라는 말의 의미는 대략 '스스로 주인 되는'이라는 뜻이다. 주인(공) 아니면 싫다! 이거다.

많은 사람들은 우즈베키스탄은 실크로드의 나라 혹은 영화 〈나의 결혼 원정기〉나 텔레비전 프로그램 〈미녀들의 수다〉 등을 통해서 미녀들의 나라, 국제결혼의 요충지 등으로 알고 있다. 나 역시 우즈베키스탄이란 나라를 영화 〈나의 결혼 원정기〉를 통해서 처음 알게 되었다.

영화처럼 멋진 곳일 거라는 환상을 가지고 2007년 5월 11일 '13기 국제협력한의사'로서 우즈베키스탄에 도착했다. 후에 그 영화를 다시 보니 공교롭게도 영화에서 노총각들은 '13기 결혼 원정대'로 우즈베키스탄에 온 설정이어서 한바탕 크게 웃은 적이 있다. 나 역시 우즈베키스탄에서 짝을 만나 결혼했기 때문이다.

우즈베키스탄은 영어로 쓰면 UZBEKISTAN, 러시아어로 쓰면 УЗБЕКИСТАН이다. 그런데 정작 우즈베키스탄어로 써 넣고 읽으면 발음이 약간 다르다. 우즈베키스탄어로는 O'ZBEKISTON이라고 쓰고, 읽을 때 '오즈베키스톤'을 경쾌하게 발음한다. 우즈베키스탄 사람들은 다른 나라 사람들이 밑으로 내리깔며 발음하는 우즈베키스탄과는 다른 경쾌한 오즈베키스톤을 만들어가고 있다. 프랑스어에서 부드러움을 느끼고 독일어에서 딱딱함을 느낀다면 우즈베키스탄어에서는 경쾌함을 느낄 수 있다.

우즈베키스탄은 1991년 소련연방에서 독립한 후 곧이어 글자－투르크어 계열인 우즈베키스탄어는 고유 문자가 없다－를 바꿨다. 러시아어에서 쓰는 키릴문자에서 라틴 알파벳으로 바꾼 후 2004년부터는 정부기관의 공식언어를 우즈베키스탄 언어만 사용하도록 법률을 정해버렸다. 하지만 일상생활에서는 아직까지도 두 가지 문자를 혼용해서 사용하고 있다. 나이 든 사람은 키릴체를 우즈베키스탄어로 배웠고 젊은 사람은 라틴체만 배운 상황이다 보니 우즈베키스탄어 단어를 라틴체로 적어 달라고 하면 못 쓰는 사람이 많다. 어이없는 상황이라고 생각했는데 우리나라도 일본으로부터 독립한 직후는 마찬가지였을 거라는 생각이 든다. 현지 우즈베크어 선생님이 적어도 50년은 있어야 이 상황이 정리될 거라고 예상했는데 난 더 빨리 해결될 거라 믿는다. 그 언어의 경쾌함 때문에.

대한민국 표준어는 교양 있는 사람들이 두루 쓰는 현대 서울말인데, 우즈베키스탄의 수도인 타슈켄트에서 쓰는 우즈베키스탄어는 사전에도 나오지 않는 사투리가 제일 많다고 한다. 수도의 언어가 사투리인 기이한 상황인 것이다. 교과서대로 말하는 곳은 우즈베키스탄의 동쪽 지역인 나망간, 페르가나, 안디잔 지역이란다. 우즈베키스탄에서 제일 유명한 곳이면서 죽기 전에 가봐야 할 곳 50위에 드는 사마르칸트와 부하라에는 타민족들이 많이 살기 때문에 우즈베크어와 타민족의 언어가 공존하고 있는 상황이다. 서쪽인 카라칼팍스탄이라는 자치 공화국이 고유 언어를 지키고 있다. 이래저래 우즈베키스탄어의 경쾌함을 유지하기가 쉽지 않은 상황이지만 우즈베키스탄 사람들한 · 우친선한방병원의 명패, 러시아어와 우즈베키스탄어로 적혀 있다.

은 자신들의 민족과 언어에 굉장한 자부심을 가지고 있다. '우즈베키스탄'이라는 말의 의미는 대략 '스스로 주인 되는'이라는 뜻이다. 주인(공) 아니면 싫다! 이거다.

3

실크로드에서 실크를 만나다

특별한 관광 상품이 없는 우즈베키스탄은 우즈베키스탄을 '실크로드의 중심지'로 관광 상품화 하고 있다. 실크로드를 통해 비단뿐만 아니라 다양한 종교, 정치, 경제, 문화들이 오고 갔다는데 그 길에서 실크를 만났다.

실크로드는 널리 알려진 길이다.

나는 실크로드를 먼저 책에서 보았다. 《나는 걷는다》1, 2, 3(베르나르 올리비에, 효형출판사), 《실크로드 문명기》(행정수일, 한겨레출판), 《실크로드 이야기》(수잔 휫필드, 이산), 《실크로드의 악마들》(피터 홉커크, 사계절 출판사)등의 책은 실크로드에 대한 교양서로서 추천할 만하다.

우즈베키스탄을 소개할 때 빠지지 않는 것이 '실크로드'이다.

실크로드…, 비단길….

이 길은 작은 국토에서 태어나 자란 나에게는 상상조차 할 수 없는 긴 길이다. 서울에서 부산까지 430km. 이 거리도 나에게는 너무 멀고 귀찮게 느껴진다.

▶ 비단을 만드는 첫 단계, 누에에서 실을 뽑고 있다.

그런데 실크로드의 양 끝에 위치한 터키 이스탄불에서 중국 서안까지는 직선거리로 9000km이며 실제 여행 거리는 12000km에 다다른다. 그 거리는 나에게는 피부에 와 닿은 거리가 아니다.

실제로 이 길을 모두 걸어서 이동한 실크로드의 상인은 거의 없다고 한다. 실크로드의 곳곳에 있는 오아시스 도시에서 물건을 팔고 다시 집으로 돌아오는 것이 실크로드 상인들의 방식이었다고 한다. 《나

는 걷는다》의 작가인 프랑스의 베르나르 올리비에만은 이 길을 모두 걸으면서(한 번에 걷지는 않았지만) 이 책을 썼다. 만약 그도 상인이었다면 적당히 갔다가 집으로 돌아갔을 것이다.

특별한 관광 상품이 없는 우즈베키스탄은 우즈베키스탄을 '실크로드의 중심지'로 관광 상품화 하고 있다. 실크로드를 통해 비단뿐만 아니라 다양한 종교, 정치, 경제, 문화들이 오고 갔다는데 그 길에서 실크를 만났다. 실크는 중국의 주요 생산품이고 그 실크가 유럽으로 이동되는 길이 바로 실크로드였다. 우즈베키스탄에서 실크로드를 만났을 때, 나는 '실크' 로드가 아닌 실크 '로드'—그래서 베르나르 올리비에는 수년 동안 그 길을 걸었나보다—만을 기대했었다. 그러나 나의 예상과는 달리 마르길란이라는 도시에서는 정말 실크가 만들어지고 있었다. 마르길란은 고대 실크로드의 중간 도시였다가 10세기부터 실크를 자체 생산한다고 한다. 현재는 우즈베키스탄 내에서 마르길란의 비단을 다 팔면 부하라(우즈베키스탄의 과거 수도) 땅을 다 살 수 있다는 소문이 생길만큼 실크 생산의 중심지로 확고히 자리 잡았다.

마르길란에는 많은 실크 생산공장이 있는데 그 중 가장 유명한 곳은 요르고들릭(YORGODLIK)공장이다. 요르고들릭은 기억, 기념품이란 뜻이다. 이 공장은 1972년에 설립되었고 1982년부터 1993년까지는 국가 소유였다가 현재는 개인 소유 공장으로 운영되고 있다. 이 공장은 예약 없이 무작정 찾아가도 무료로 친절하게 공장 견학을 시켜준다. 누에고치에서 실을 뽑는 공정부터 그 실을 염색하는 공정, 그리고 실제 비단으로 천이나 카펫을 만드는 공정을 자세히 볼 수 있다. 누에고치에서 실을 뽑는 공정을 바라보다가 혹시 당신들도 번데기를 먹느냐고 물었는데 쓰레기를 먹는 사람 취급을 당해서 좀 멋쩍기도 했다.

1. 누에에서 뽑은 실을 정리해서 실타래를 만든다. 비단실이다.

2. 실을 엮은 후 염색작업을 준비한다. 주로 남자아이들이 작업을 많이 한다.

3. 하루에 2cm만 만들 수 있다는 실크 카펫을 짜는 우즈베키스탄 아가씨.

4. 노동의 고단함을 말끔히 해결해주는 주몽(송일국)을 비롯한 한국 연예인 스티커가 붙어있는 베틀.

마르길란에서는 빛에 따라 색이 변하는 세로줄 무늬, 화살깃 무늬 등의 우즈베키스탄 민속의상용 비단을 주로 생산한다. 모든 공정은 자동으로 이루어지지 않고 사람의 손에 의해서 이루어진다. 한쪽 작업실에는 아리따운 우즈베크 아가씨들이 베틀을 이용하여 비단을 짜고 다른 쪽에서는 옹기종기 모여 앉아 비단 카펫을 짜고 있었다. 비단 카펫은 하루에 2cm 정도만 만들 수 있을 정도로 극도의 섬세함을 요구하는 작업이라는데 쪼그리고 앉아 일하는 우즈베크 처녀는 틈틈이 빵도 먹고 수다스럽게 떠드는 것이 이미 달인의 경지에 오른 듯했다.

아가씨들의 작업대를 가까이 다가가서 둘러보다가 웃음이 빵 터졌다. 아가씨들의 작업대에 주몽 송일국 씨의 스티커 사진이 이곳저곳에 붙어있는 게 아닌가. 우즈베크 아가씨들이 노동의 고단함과 스트레스를 한류 스타의 사진을 보면서 해소한다니 반갑고 어깨가 한번 으쓱해지는 일이 아닐 수 없다.

4
미녀들의 수다

우즈베키스탄에는 125개 이상의 민족이 모여 살기 때문에 외모와 얼굴 모습이 다채롭기 그지없다. 우즈베키스탄의 인구 구성은 여러 민족이 뒤섞여 다양성의 끝이 보이지 않을 정도이다.

우즈베키스탄이란 말에서 대부분의 남자들은 자밀라, 구잘이 연상된다고 한다. 여기서 '된다고 한다'라고 남의 일처럼 이야기하는 것은 자밀라와 구잘은 내가 우즈베키스탄으로 오고 나서 한국방송에 데뷔했기 때문에 자밀라와 구잘을 잘 모를 뿐 아니라 관심도 없기 때문이다.

영화 〈나의 결혼 원정기〉를 보면서 북한 탈북 아가씨가 인상에 남았었다. 실제로 우즈베키스탄에서 북한 탈북 아가씨들을 만나면 인사를 해야 할지 말아야 할지 국가보안법에 대한 고민도 했었다.

우즈베키스탄에서 근무하면서 한국의 지인들과 전화통화를 하거나 이메일을 주고받으면 항상 묻는 말이 있었다.

우즈베키스탄에서는 김태희가 밭 갈고(때론 전지현이 버스 안내양 일을 하고!) 한가인이 소 몬다면서(이따금 밭 갈던 김태희가 소까지 몬다!)?

'우즈베크 아가씨들은 다들 그렇게 예쁘고 날씬한가'라는 질문일 텐데 나의 가감 없는 냉철한(?) 생각으로는 그렇지 않다. 그렇다고 너무 실망하지는 마시라. 모두가 모델 같은 미모를 가진 건 아니지만 모두들 모델만큼이나 특별한 개성을 가지고 있다.

왜냐하면 우즈베키스탄에는 125개 이상의 민족이 모여 살기 때문에 외모와 얼굴 모습이 다채롭기 그지없다. 우즈베키스탄의 인구 구성은 여러 민족이 뒤섞여 다양성의 끝이 보이지 않을 정도이다. 정통 우즈베키스탄 민족이 주류를 이루고 있으며 러시아 민족이 다음을 차지하며, 타직 민족, 카자흐 민족, 고려인 등 우리에게 낯익은 민족들부터 몰도바에서 왔다는 사람, 그리스인과 타타르 민족의 혼혈 등 여러 민족이 섞이고 섞여서 인구를 구성하고 있다.

한 · 우친선한방병원에서 근무하는 미녀 간호사 삼총사 이라니, 리기나, 가브하르(좌로부터).

얼굴이 개성적인 것만큼 각 민족 여성들의 성격 차이도 뚜렷하다고 한다. 대체적으로 우즈베크 여성은 젊을 때는 러시아 여성보다는 자기주장이 강하지 않은 편이라고 하는데, 나이 먹으면 둘 다 똑같이 무섭다고 한다. 고려인 여성의 사고방식은 러시아식이기 때문에 자기주장이 강한 편이다. 그러나 결혼해서 오래 같이 살면 남편을 많이 위해주는 편이라고 한다.

나와 함께 공부했던 프랑스어 학원 수강생들 중 여 학우가 5명이었는데 5명 모두 다른 민족이었다. 각각 우즈베크, 타직, 폴란드, 우크라이나, 카자흐 민족으로 구성된 이 5명은 모두가 각 민족의 아름다움을 타고났으면서도 언제나 다른 민족 아가씨들의 아름다움을 부러워했다. 수업 시작하기 전은 항상 서로의 헤어스타일, 메이크업, 패션 등을 칭찬하느라 떠들썩했다.

또한 우즈베키스탄 여성들의 아름다움에 대한 관심은 매우 커서 우즈베키스탄에서의 미용 산업은 나날이 번창하고 있다. 어떤 건물이

으리으리하게 내부 공사 중이면 나중에 미용실로 개업하는 경우가 많다. 또한 미용사의 수입은 보통 일반 노동자의 수입의 10배에 달한다고 한다. 개성만점인 외모에 세련미까지 더해지니 우즈베키스탄 여성들의 미모는 갈수록 돋보인다.

우즈베키스탄 여성들의 패션 중 놀라웠던 것은 과거에 금이빨이 유행이었던 시절이 있었다는 것이다. 앞 이빨 전체를 금으로 씌우면 멋쟁이였던 시절이 있었다는데 어쩌다 마주친 예쁜 아가씨들이 금이빨을 드러내며 씩 웃을 때는 눈을 어디다 둬야 할지 모를 것이다.

우즈베키스탄 아가씨들과 관련하여 인터넷을 검색하다 이런 질문을 보았다.

'〈미녀들의 수다〉 구잘과 결혼하는 방법을 알려주세요?'

이게 굉장히 순박한 소망으로만 보이지만 그래도 우즈베키스탄에서는 구잘과 생김새가 비슷한 아가씨를 만날 기회가 많다. 그러나 먼

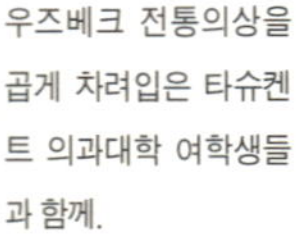
우즈베크 전통의상을 곱게 차려입은 타슈켄트 의과대학 여학생들과 함께.

저 결혼한 인생의 선배로서 충고하노니 여자의 얼굴보다 마음을 보라는 어른들의 말씀은 삶의 진리라고 감히 말할 수 있다.

XALQ BILAN
HAMNAFAS
YASHASH
VA ISHLASH
OLIY BURCH

5

아름다운 인생

결혼식을 길게 하는 우즈베크의 전통이 비합리적이고 악습으로만 보인다면 우리는 너무 메마르게 살아온 것일 수도 있다. 결혼식을 짧고 간단하게 해야 한다는 법률상 규정이 있는 것도 아니지 않은가? 결혼을 축제로서 즐기고 행복을 만끽할 시간이 길다는 것은 참으로 부러운 일이 아닐 수 없다.

우즈베크 결혼식은 한국 결혼식보다 대략 24배 정도 힘들다. 이런 비교가 나오게 된 이유는 한국의 결혼식 소요 시간이 1시간 정도인데 반해 우즈베키스탄에서는 보통 결혼식이 24시간 정도 걸리기 때문이다. 24시간도 엄청나다고 느낄 테지만 정말 과(過)하게 결혼식을 해버리면 5일에서 일주일도 걸린다고 한다. 거기다 우즈베키스탄 사람들은 자식의 결혼식만을 기다리며 산다고 해도 과언이 아닐 정도로

우즈베크 결혼식의 하이라이트인 저녁 파티장으로 향하는 신랑신부, 그들은 지금 무슨 생각을 할까?

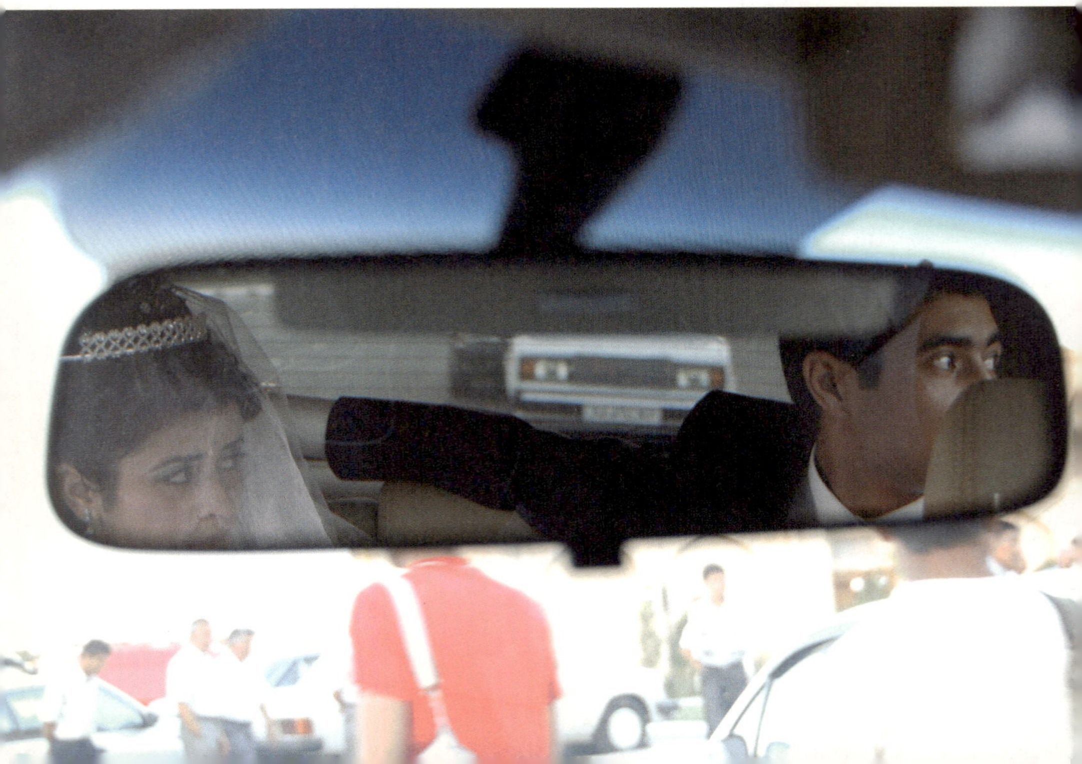

부모는 자식의 결혼식을 위해서 꾸준히 준비를 한다. 결혼식 하나만큼은 다른 사람들에게 뒤지지 않으려고 20여 년을 근검절약하고 부족하면 빚까지 내서라도 기어이 큰 잔치를 벌이는 것을 당연시한다. 결혼식 절차 자체도 굉장히 복잡하고 힘들어 보인다. 따라서 성공적인 우즈베크 결혼식을 위해서는 돈도 돈이지만 체력도 비축해야 한다.

친하게 지내는 우즈베크 사람인 베그조드의 형 결혼식에 초대받았다. 결혼식 장소가 타슈켄트가 아니고 지방도시 카르시라서 결혼식에 전부 참석할 수는 없었지만 중요 결혼식 장면은 놓치지 않고 볼 수 있었다. 게다가 어쩌다 보니 사진사 역할도 하고 신랑신부 웨딩카 운전수 노릇까지 했다. 나의 차 현대 싼타페가 우즈베크에서는 고급 외제차이다 보니 신랑이 폼 좀 잡을 수 있게 도와달라는 가족들의 간곡한 요구를 뿌리칠 수는 없었던 것이다.

우즈베크 결혼식은 전통적으로 새벽에 각 집안의 남자끼리 모여서 플롭(우즈베키스탄의 전통음식, 기름 볶음밥)을 먹는 것을 시작으로 한다. 새벽부터 고열량의 기름밥을 먹는 건 결혼식에서 엄청난 열량소비를 할 거라는 걸 암시한다고도 볼 수 있겠다. 오전에는 신랑신부 친구들이 큰 식당이나 클럽에서 모여서 춤추고 놀고, 그 다음에 전세 리무진을 타고서 경적을 울리는 차들의 호위를 받으며 결혼등록을 하러 관청에 간다. 관청을 가는 길에 사람들의 눈길을 많이 끌수록 좋다고 해서 동네가 떠나가도록 경적을 울린다. 공식적인 혼인신고를 하고 나서는 지역의 명소(주로 기념탑, 광장, 공원 등)에 가서 부지런히 사진을 찍는다. 이렇게 오전 일정이 끝나면 신부와 신랑은 애석하게도 각자의 집으로 돌아가야 한다.

잠시 후 오후에는 우선 신랑이 신부 집으로 찾아간다. 신부 집에 갈 때 신랑은 우즈베크 전통의상을 멋지게 차려입으면서 신랑 일가로부터 축하를 받는다. 찾아갈 때 한바탕 노래도 하고 춤도 추면서 홍겹게 신부 집에 가는데 신랑 친척들 중 아주머니들이 앞장서서 행렬을 이끈다. 아주머니들의 위풍당당한 행진을 더욱더 멋지게 만드는 악사들은 2미터는 될 긴 나팔(카르네이)을 불어대는데 동네방네 떠나가도록 큰소리가 울려 퍼진다. 어깨춤을 추며 신부 집으로 가는 아주머니들은 신부 집 앞에서 순순히 들어가지 않는다. 대문을 사이에 두고 양가에서 우즈베크 전통춤을 비롯한 각종 댄스 배틀을 벌이면서 조금씩 조금씩 안으로 들어가는데, 신부 집에서는 사람들을 집 안으로 들어오게 하려고 갖은 애를 쓴다. 이것은 마치 한국에서 결혼식 전에 함 들이는 의식과 비슷하다. 신랑 식구들이 신부 집에 다 들어가게 되면 신부를 보러간다. 방 한구석에 조용히 앉아있는 신부는 베일을 덮어쓴 채 얼굴을 드러내지 않고 있다. 신랑과 신부는 매파와 함께 기도도 하고 코란에 따라 부부로 선포되며 간단히 음식도 먹고 나온다. 나올 때는 신랑의 가족이 신부의 혼수품인 옷가지, 이불세트, 옷장, 카펫 등을 들고 나와야 하는데 신부 가족이 혼수품을 지키고 있다. 신랑 식구들은 이때 돈을 조금씩 주면서 신부 혼수품을 트럭에 실어서 신랑 집으로 옮긴다. 한바탕 소동을 벌인 후 두 집 다 잠시 휴식을 취한다.

잠시 후 이번엔 신부가 신랑 집으로 온다. 신부는 식구들과 같이 차에 타고 있는데 돈을 조금씩 주면서 식구들이 차에서 내리게 유도한다. 마지막에 신부만 남으면 신랑은 신부를 들쳐 업고 길가에 차려진 3군데의 불더미를 이리저리 돌다가 신부를 집 안으로 데려간다. 이때까지도 신부는 여러 옷을 겹쳐 입고 얼굴도 가리고 있어서 굉장히 답답해 보인다.

이제 신부는 신랑 집에 와버렸다. 하지만 신랑과 신부는 한방에 있을 수 없다. 신부는 신랑 가족 중 여자들의 도움을 받아서 휴식을 취하며 마지막 성대한 피로연을 준비한다. 돈이 넉넉한 사람들은 큰 식당(1000명이 한 홀에 들어가는)으로 가서 성대한 결혼식 피로연을 연다. 하얀 웨딩드레스를 곱게 입은 신부와 턱시도를 빼입은 신랑을 차에 태우고 피로연 장소로 가는 길. 지금 이 순간에 그들은 무슨 생각을 할까? 피

1. 결혼식에서 빠질 수 없는 악사들.
2. 신부 집으로 향하는 신랑 측 아줌마 부대.
3. 신부 집에서의 흥겨운 춤과 노래의 대결.
4. 신부 집을 찾아간 신랑은 이슬람 전통에 따라 부부로 선포된다.

곤하기도 할 텐데 피곤하다는 투정은 절대 하지 않는다. 하루 종일 계속 춤추고 먹고 마시고 이렇게 오랜 시간을 거쳐 결혼하는 걸 보니 우즈베크 사람들이 대단하다는 생각이 든다.

그러나 어쩌면 그들 생각에는 1시간에 맞춰진 한국의 정형화된 결혼식이 대단하다고 할지도 모른다. 얼마나 바쁘기에, 얼마나 결혼보다 중요한 일이 그렇게 많기에 자기 인생에서 고작 1시간만을 허용하는지? 결혼식을 길게 하는 우즈베크의 전통이 비합리적이고 악습으로만 보인다면 우리는 너무 메마르게 살아온 것일 수도 있다. 결혼식을 짧고 간단하게 해야 한다는 법률상 규정이 있는 것도 아니지 않은가? 결혼을 축제로서 즐기고 행복을 만끽할 시간이 길다는 것은 참으로 부러운 일이 아닐 수 없다. 이런 결혼식을 경제적, 시간적 낭비라고 매도한다면 나도 맞받아칠 말이 있다. 우리도 이제 좀 즐기고 살자!

피로연이 시작됐다. 말 그대로 모두가 피로해지는 잔치가 시작된 것이다. 모두가 춤을 추고 술을 마시고 즐거워했다. 나도 그 속에 끼어 몸을 흔들었다. 신랑신부에게 특별 축사를 해줄 수 있는 기회도 받아 우즈베크어로 행복하게 살라고 말을 전할 수 있었다.

피로연이 중반을 넘겨 끝으로 향해 갈 무렵 신랑의 부모님이 같이 춤을 추는데 그 모습이 너무나 아름다웠다. 정식으로 춤을 배우신 분들이 아니겠지만 서로를 사랑스럽게 안고 빙빙 도는 단순한 춤만으로 '인생은 아름다워'라는 메시지를 전달하는 진정한 춤꾼의 모습을 보여줬다. 춤을 추면서 자신들이 결혼했을 때를 생각할 테고 자신의 분신이라고 할 수 있는 자손이 결혼하는 모습에 가슴이 찡한 감동을 느꼈을 것이다. 그 감동이 그대로 전달되는 두 분의 아름다운 춤은 100점 만점에 100점으로도 부족한 피로연의 하이라이트였다.

그런데 이 아름다운 광경을 보지 못하는 사람이 있었으니 바로 신부 아버지다. '우즈베키스탄 결혼식의 눈물'이라고 이름 붙여야 할 관습이다. 신부 아버지는 딸을 떠나보내는 것도 서러운데 집에서 혼자 눈물을 흘려야만 하는 것이다. 신부 아버지가 막상 그 자리에 있으면 너무 슬플까 봐 미리 손을 써준 거라는 이런 거추없고[1] 이해 불가의 관습이 어이없으면서도, 꾹꾹 잘 참는 우즈베키스탄 신부 아버지들이 대단하게만 느껴진다. 어쩌면 이것이 바로 딸에게 아버지의 사랑을 보여줄 수 있는 우즈베크식 상징행동일 것이다. 혹시 우즈베키스탄에서는 상징행동이 어처구니없으면 없을수록 아버지가 딸을 그만큼 더 사랑한다는 걸 보여줄 수 있는 것일까? 강한 부정이 강한 긍정이듯이.

신랑의 부모님 두 분이 웃으시면서 같이 행복하게 춤추는 모습, 정말 아름다운 인생을 보여주는 장면.

---

1) 행동이 싱거워 어울리지 않는 모양

6

배들의 무덤, 무이낙

배들의 무덤은 생각보다 감흥이 적었다. 웬지 인공적으로 만들어진 듯한 배들의 무덤은 오히려 20세기 최고의 자연재해라는 아랄해의 문제를 희석시켜 버리는 듯했다. 저 끝으로 물러나버린 바다가 보고 싶지만 거기까지 가려면 모래를 밟으며 돌아오지 못할 길을 떠나야 할지도 모를 일이다.

굳이 안 가도 될 길이었다. 그곳엔 다 낡아빠진 배들만 덩그러니 있다는 소문만 들었다. 많은 관광객이 그 배들을 보러 간다는데 택시비가 무려 8만 숨(원화 약 5~6만 원)이었다. 100달러는 내라는 택시기사도 있었다.

아무것도 없고, 마르고 말라가는 내륙 바다인 아랄해만 있다는 그곳이 못 견디게 가보고 싶은 사연이 있는 것도 아니었다. 그러나 폐허를 본다는 건 찬란한 문명을 보는 것만큼 필수적인 일이다. 그리고 더 자극적인 일이다. 조금은 씁쓸한 마음으로 4000숨(한화 약 2000원)짜리 완행버스에 올랐다.

버스는 길이 안 좋아서인지 시속 50km 정도의 속도로 달린다. 옆에 앉은 뚱뚱한 할머니는 삼사(안에 고기가 든 패스트리)를 꺼내 드시며 사람들에게 중얼중얼 말을 건다. 아무도 할머니에게 귀 기울이지 않지만 할머니를 불편해하지 않는다. 가도 가도 마르고 낮은 이상한 풀들만 자라고 있는 모래밭뿐이다. 예전엔 바다가 여기까지였다는 표시가 있는데 도대체 지금은 바다가 얼마나 후퇴했기에 가도 가도 보이지가 않는가?

황량한 사막 위에 다 썩은 고철 배들만 줄을 지어 서있다. 무이낙의 배들의 무덤.

엄마는 아이를 때렸다. 말썽부리는 아이를 때린 엄마는 아주 작은, 마치 어제 낳은 듯한 아이를 품에 안고 있었다. 매 맞은 아이는 맞았다고 크게 울거나 하지도 않았다. 조금 뒷목이 붉어졌을 뿐이다. 엄마가 무서워 멀리 가있던 아이가 버스에서 내릴 때는 엄마 치마를 꼭 붙잡고 내렸다. 그 아이와 엄마와 아빠 그리고 다른 아이 2명 더. 아무것도 없는 모래밭 한가운데 정류장에서 그들은 내렸다. 아이가 4명이나 되는 그 젊은 부부는 버스 화물칸에서 자루를 2개 꺼냈다. 하나는 감자인 것 같았고 하나는 강아지였다. 버스는 다시 출발하는데 누런 모래만 가득한 그 길에서 그들은 어디로 가는 것일까? 그들이 사는 마을은 더 깊숙이 들어가야 할 것이다. 다른 사람들은 이제 이곳에 희망이 없다고 했다. 다들 살아가려면 도시로 가야만 한다고 했다. 하지만 그들은 아이를 하나 더 낳았고, 강아지까지 데리고 집으로 간다. 이곳에서 섣불리 희망을 말할 순 없어도 절망 속에서 자포자기하지 않는 것에 최소한 박수를 보내야 할 만한 일이다. 강아지는 마냥 기분 좋은 듯 꼬리를 흔든다. 그리고 나는 손을 흔든다.

아랄해는 한때 세계에서 4번째로 큰 내해였지만 구 소련시기부터 목화농업에 전력투구하는 사회주의 국가정책으로 인해 말라가기 시작했다고 한다. 아랄해에 물을 공급해주는 아무다리야강의 물길을 카라쿰(검은 모래)사막으로, 시르다리야강의 물길을 키질쿰(붉은 모래)사막으로 돌려 농업을 활성화시킨 것이다. 목화(木花)를 통해 우즈베키스탄 경제를 발전시켰지만 그 결과로 이런 수화(水禍)가 발생한 것이다. 또한 구 소련시기에 이 아랄해에서 핵폭탄 실험을 했었다는 소문도 있다. 지금은 수량의 70% 이상이 말라 모래만 가득하다. 그냥 모래도 아니고 소금과 각종 유해성분—방사능 오염물질일지도 모른다—

이 가득한 모래다.

아랄해에 근접한 항구도시 무이낙은 구름 많은 하늘 아래 조용했다. 마을 주민들이 단체로 어디론가 떠나버린 도시 같았다. 한때 인구가 5만 명이 넘었지만 물이 마르고 어업이 망하면서 지금은 1만 명 남짓 살아가는 이름뿐인 어촌이다. 그래도 아이들은 자전거를 타고 신나게 놀고 있었고 상점에는 빵을 팔았다. 무이낙에서 부는 바람에는 아랄해가 말라가면서 남겨놓은 수많은 화학물질이 함유되어 있고 유해성이 풍부(!)해서, 무이낙에는 결핵을 비롯한 각종 폐질환이 난무하고 기형아가 많으며 고혈압과 각종 특이성 질환의 발병률이 다른 지역에 비해서 월등이 높다고 한다. 하지만 아직도 이곳은 완행버스가 꽉 찰 만큼 사람이 많고, 상점에는 맥주도 판다.

배들의 무덤은 생각보다 감흥이 적었다. 왠지 인공적으로 만들어진 듯한 배들의 무덤은 오히려 20세기 최고의 자연재해라는 아랄해의 문제를 희석시켜 버리는 듯했다. 저 끝으로 물러나버린 바다가 보고 싶지만 거기까지 가려면 모래를 밟으며 돌아오지 못할 길을 떠나야 할지도 모를 일이다.

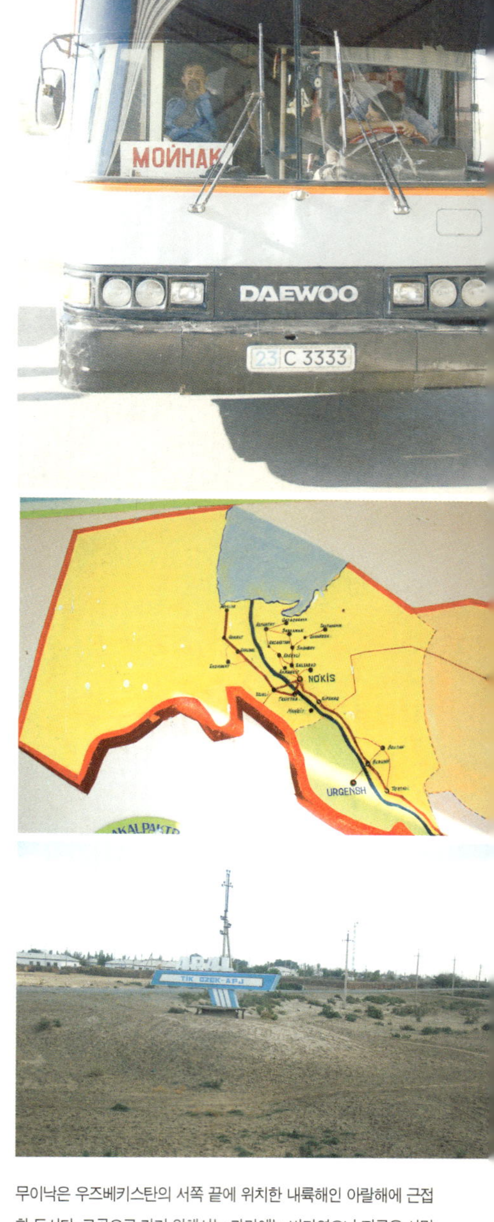

무이낙은 우즈베키스탄의 서쪽 끝에 위치한 내륙해인 아랄해에 근접한 도시다. 그곳으로 가기 위해서는 과거에는 바다였으나 지금은 사막으로 변한 공간들을 오랫동안 바라보아야만 한다.

1. 무이낙의 희망인 아이들.
2. 사람들이 아랄해 문제를 완전히 포기한 것은 아니다. 낡았지만 '아랄해는 살아야 한다'는 굳건한 표어가 전신주에 걸려 있다.
3. 배들의 무덤이 있음을 알리는 조형물.

30~40년 전에는 이 지방의 가장 큰 도시인 누쿠스에서 많은 사람들이 여름에 이곳으로 피서를 오고 작은 어린아이만한 메기와 잉어, 붕어가 잔뜩 잡혔다는데, 지금은 이 배들을 보여주고 근근이 관광객을 맞이하며 살아가는 모습이 너무나도 쓸쓸하고 안쓰럽기만 했다.

돌아오는 길, 3시에 떠난다는 버스가 2시 50분에 떠나버려 황당하게 버스를 놓치고 오도가도 못 하고 발이 묶여 길 한복판에 우두커니 서있었다. 2시간가량을 길 한복판에 서있어도 지나가는 차 한 대 없는 이곳이 무섭다기보다는 측은해지기만 해서 오히려 더 있고 싶은 마음이 생겼다. 버려진 배 안에서 잠을 잔들 배들이 따뜻해 할까마는 이곳에 나 같은 산사람이라도 많으면 '무덤'이라는 별명을 지워버릴 수 있지 않을까?

2004년의 아랄해(4)와 2007년의 아랄해(5), 그 사이 물이 거의 말라버렸다.

7
어느 무슬림의 기도

기도를 마치고 돌아앉는 그의 얼굴에 환한 미소가 가득한 것은 바로 종교가 주는 마음의 평화 때문이리라. 오르뜩이 나에게 종교가 아닌 평화를 선물하고 싶은 마음에 나를 모스크로 이끌었다고 생각하니 나에게도 미소가 피어올랐다.

기도

방은 토방(土房)이었다.
전기는 들어오지 않아 어두운 방안 한구석엔
나무 때는 난로 그리고 쌔근쌔근 잠든 고양이가 있었다.
내올 것 없는 주인은 부산을 떨며 허둥대었고
나를 맞은 박티굴은 미소 속에서 가지런히 앉았다.

우리는 서로에게
"앗살람 알라이쿰(알라의 평안이 당신에게 있기를)"
"와알라이쿰 앗살람(당신에게도 알라의 평안이 있기를)"
하며 평화를 선물하였다.

그래 평화로운 시간이었다.
나는 박티굴의 뜻 모를 이야기에 귀를 기대고
차가운 벽에 등을 기댄 채,

평화롭게 기도하는 오르뜩.

빛이 쏟아지는 창문만 바라보았다.
박티굴이 하는 말들은 그 빛처럼 환했으며 눈이 부셨다.

나와 동행한 오르뜩은 1시가 되자
기도를 시작하였다.
"알라후 아크바르(알라가 가장 위대하다)"
눈부신 빛 속에서 낮은 목소리로 신을 찾는 그를 보며
신을 믿지 않는 나도 참 평화로웠다.

"살람 알라이쿰!"

평화가 당신에게 있기를

2009년 1월 2일 우즈베키스탄 소도시 카르시에서

우즈베키스탄에는 국교가 없지만 국민의 90% 이상이 이슬람 신자이다. 그리고 120여 개 민족으로 이루어진 다민족 국가이다 보니 다양한 종교가 있고 서로의 종교를 존중해주는 사회 분위기를 외면상으로는 유지하고 있다. 그러나 우즈베키스탄 종교법은 선교활동을 금지하고 있다. 우즈베키스탄 국민에게 종교를 설파하면 바로 경찰들의 조사가 시작되고 미행과 도청이 이루어진다는 충고를 많은 분들이 해주곤 했다. 그런데 반대로 외국인에게 우즈베키스탄 국민이 종교를 권유하는 경우에는 내 경험상 경찰들이 크게 신경을 쓰지 않았다. 나는 딱히 독실한 종교도 없고 오히려 다양한 종교를 체험해보고 싶어서 교회도 가보고, 카톨릭 미사에도 참석해보고, 러시아 정교회에서 미사를 지켜보기도 했다.

그러던 중 우즈베크 친구의 권유로 모스크(이슬람교 사원)에 가서 기도 드리기로 했다. 나를 모스크로 이끈 우즈베크 친구의 이름은 '오르뜩'—이 이름은 아이가 태어났을 때 몸에 혹이 있으면 붙여지는 이슬람식 이름이라고 한다—이다. 오르뜩은 나보다 12살이나 어리지만 나보다 더 성숙된 종교관을 가지고 있다. 오르뜩과 친구가 된 지 얼마 안 돼 이런 저런 대화를 나누던 중 종교 이야기가 나왔다.

"영일은 무슨 종교를 가지고 있어?"

"옛날에는 절에도 갔었고, 교회 성경학교도 다녔었고, 군대 훈련소에서는 세례도 받았는데 지금은 딱히 신을 믿고싶지 않아."

"말도 안 돼! 신을 믿지 않다니? 그럼 넌 울고 싶을 땐 누구에게 말을 하지? 눈물이 터져 나오는 순간이 있지 않아? 그런 말 못할 고민이 있을 때, 그리고 이루고 싶은 희망이 있을 때 누구에게 이야기하지? 어떻게 신을 믿지 않을 수 있지?"

펄쩍 뛰는 오르뜩의 반응에 당황스러운 것은 나였다. 결국 같이 모스크에 기도하러 가자는 선교에 순순히 응했다. 이것도 하나의 좋은 경험이려니 생각했고 무엇보다 그 당시 나는 큰 걱정거리가 하나 있었다. 나의 딸아이가 출생 시 쇄골이 골절되어 병원에서 치료를 받고 있을 때였기 때문이다.

우즈베키스탄에 왔으니 알라신이 나를 도와주시리라는 생각으로 오르뜩과 금요일-무슬림은 금요일이 모스크에서 기도하는 날이다-에 모스크로 향했다. 기도 하러 가기 전 오르뜩은 나에게 물병을 하나 건네고 나를 재래식 화장실로 데리고 갔다. 거기서 몸의 구석진 부분(?)을 씻어야 예배를 볼 수 있다는 설명을 들었다. 때는 12월 한겨울이었고 재래식 화장실에서 씻어야 한다는 사실에 적잖이 놀랬지만 처음 해보는 건데 여기까지 와서 포기할 수는 없잖은가? 하는 데까지 하고 나오는데 너무 시간이 지체됐는지 모두 밖에서 나만 기다리고 있었다. 정결한 몸으로 들어간 모스크 안은 넓은 홀에 카펫이 깔려 있고 사우디아라비아의 메카-이슬람의 성지-를 향한 '끼블라'라는 오목한 공간이 있을 뿐이다. 같이 동행한 오르뜩의 친척 아저씨들과 일렬 횡대로 서서 기도를 시작했다. 이해할 수 없는 아랍어를 주위 사람들은 반복하고 나는 나대로 알라신에게 빌었다. '우리 딸 유림이 빨리 낫게 해주세요.'

기도를 마치고 모스크 밖으로 나오면서 오르뜩의 삼촌이 말했다.

"이제 이슬람교도가 됐으니 매일 5번 기도하고 매주 금요일 모스크에 와서 기도해야 한다. 죽을 때까지 너는 무슬림이다."

1. 기도하기 전에는 이 주전자를 가져가서 몸의 구석구석을 닦아야 한다.
2. 많은 준비를 마치고 들어간 모스크 안은 너무 휑해서 무안하기만 하다.

삼촌과 나 사이에서 통역을 하던 오르뜩은 몇 가지 말을 덧붙였다.

"영일. 꼭 무슬림일 필요 없어. 삼촌이 너무 강요하시네. 걱정하지 마. 스스로 선택해."

순식간에 무슬림이 돼버린 나는 오르뜩과 함께 그의 친구 집에 놀러갔다. 전기도 들어오지 않는 어두컴컴한 방에서 대화를 하다가 오르뜩이 다시 기도를 하기 시작했다. 하루에 5번 기도하는 것이 무슬림의 의무지만 나에게 권유하지는 않았다. 귀찮게 느껴질 만도 한데 오르뜩은 방안 구석에 작은 카펫을 펼치고 기도를 시작했다. 우리는 대화를 잠시 멈추고 녀석을 바라봤다. 흙으로 만들어진 작은 방에서 오후의 햇빛을 받으며 기도하는 오르뜩의 모습이 그렇게 평화로울 수 없었다. 기도를 마치고 돌아앉는 그의 얼굴에 환한 미소가 가득한 것은 바로 종교가 주는 마음의 평화 때문이리라. 오르뜩이 나에게 종교가 아닌 평화를 선물하고 싶은 마음에 나를 모스크로 이끌었다고 생각하니 나에게도 미소가 피어올랐다.

8

처음 접하는 종교, 러시아 정교회

그런데 뜬금없이 누룩을 넣은 빵의 촉감과 러시아 정교회 성당의 내부 분위기가 하나의 통일성을 이루고 있다는 생각을 하게 되었다. 그만큼 러시아 정교회 성당 안은 굉장히 아늑하고 부드러웠다.

우즈베키스탄 인구의 90%가 이슬람교도이지만 구 소련시절부터 러시아 사람들이 많이 살았기 때문에 지금도 러시아 정교회 신자가 많이 있다. 수도인 타슈켄트에는 누쿠스거리 가스삐딸리시장 맞은편에 러시아 정교회 성당이 위치하고 있다. 러시아 정교회가 카톨릭, 개신교와 다른 점은 바로 예수 그리스도를 성경에 등장하는 성인의 하나로 인정한다는 점이다. 그리고 러시아 정교회 성당의 모습도 카톨릭 성당이나 개신교의 교회와는 달리 약간 특이하다. 십자가는 단순한 열십자 모양(+)이 아니라 가로로 2개의 막대가 더 달려 있으

▶ 타슈켄트 시내에 있는 그리스 정교회 성당.

며, 양파 모양의 금빛 둥근 지붕('쿠폴'이라 불린다)이 눈에 확 띈다.

한국에서는 구경도 못 하는 러시아 정교회 성당을 가본 적이 있다. 마침 미사가 시작되어 참석했는데 1시간이면 충분하리라 생각했는데 4시간 동안 미사가 진행되었다. 게다가 미사는 신자들이 모두 선 채로 진행되었다. 할아버지, 할머니도 다 서서 미사에 참석하였다. 간혹 몸이 불편한 사람은 목욕탕 의자를 이용해서 앉는 모습이 보였다. 1층에서 미사가 진행되는 동안 2층에서는 성가가 울려 퍼졌다. 악기를 사용하지 않고 사람의 목소리로만 울려 퍼지는 이 성가는 아름다워서 러시아 정교회의 신자가 아니더라도 한번쯤 들어볼 만하다.

성당 안에는 많은 성상화(이콘)와 프레스코 벽화들이 펼쳐져 있다. 러시아 정교회는 입체적인 조각을 허락하지 않는다고 한다. 또한 그림에 대한 과도한 숭배도 금기시한다. 러시아 정교회 성당의 벽화와

성당 내부, 신도들은 모두 서서 미사를 올린다.

타슈켄트 외곽 도시인 치르칙의 그리스 정교회 성당 내부, 태양의 빛줄기는 성당 안의 성스러운 분위기를 더한다.

성상화는 선명함보다는 부드러움에 더 중점을 두는 듯이 보였다. 조금 더 감성적인 형태이고 소박한 듯하지만 가까이 다가가 보면 그 장식이 화려하다. 성상화의 주요 주제는 러시아 정교회 성인이거나 예수에 관계된 일화이다. 스테인드글라스를 통해 들어오는 햇빛은 성당 안을 어둡지 않게 밝혀주며 사람들을 좀 더 기도에 집중하게 만드는 길잡이 역할을 한다.

미사의 핵심이라고 할 수 있는 성체성사(聖體聖事) 과정에 특이한 것을 발견했다. 미사를 진행하는 신부가 성화의 매개로 천주교 미사에서처럼 딱딱한 밀전병을 주는 것이 아니라 그냥 식빵 비슷한 것—누룩이 들어간 빵—을 조금씩 잘라서 주는 것이다. 성체의 차이는 여러 가지 종교적, 지역적, 관습적 이유로 인함일 것이다. 그런데 뜬금없이 누룩을 넣은 빵의 촉감과 러시아 정교회 성당의 내부 분위기가 하나의 통일성을 이루고 있다는 생각을 하게 되었다. 그만큼 러시아 정교회 성당 안은 굉장히 아늑하고 부드러웠다.

부활절은 러시아 정교회에서도 가장 큰 명절 중 하나이다. 한 · 우 친선한방병원에서 교육 받는 우크라이나인 의사 선생님이 부활절이라고 선물을 가져왔다. 윗부분을 하얀 크림으로 장식한 딱딱한 빵, 화려하게 장식한 계란(처음엔 손수 그린 줄 알고 깜짝 놀랐는데 장식테이프가 붙어 있었다)이었다. 이것들은 부활절에 꼭 식탁에 올라야 한단다. 받은 선물을 책상 위에 올려놓고 보니 문득 선물의 배치가 우스꽝스럽게 절묘하다는 생각이 들었다.

1. 그리스 정교회 부활절에 꼭 맛보아야 하는 특이한 모양의 빵과 계란.
2. 3. 4. 그리스 정교회 부활절을 기념하는 다채로운 무늬의 계란.

9

이름은 운명이다

'인간의 이름은 곧 운명이다.' 이 명제는 거짓이다. 동명이인이 모두 같은 삶을 살진 않기 때문이다. 그러나 '인간에게 이름은 운명이다.' 이 명제는 참이라고 생각한다. 인간으로 태어난 이상 이름 없이 살 수는 없기 때문이다.

'인간의 이름은 곧 운명이다.' 이 명제는 거짓이다. 동명이인이 모두 같은 삶을 살진 않기 때문이다. 그러나 '인간에게 이름은 운명이다.' 이 명제는 참이라고 생각한다. 인간으로 태어난 이상 이름 없이 살 수는 없기 때문이다.

이름은 역사적, 사회적, 문화적 환경 안에서 유행을 가진다. 오늘날 한국인들이 좋아하는 이름과 1950년대 한국인들이 좋아하는 이름은 차이가 있다. 예전 같으면 아무렇지도 않았을 점순, 미자, 순자 등의 이름을 요즘 태어난 아이의 이름으로 정하려고 한다면 주위의 적잖은 반대를 각오해야 할 것이다. 이렇게 다른 사람과 구별하기 위한 명칭으로서의 기본적인 쓰임 외에 이름에 대한 관심과 의미부여가 증대되면서 산부인과 앞에는 으레 작명소가 있고 법원에서는 많은 사람들이 이름을 바꾼다.

우즈베키스탄에서도 이름은 특별한 가치를 가진다. 우즈베키스탄 부모가 자녀에게 이름을 지어줄 때는, 그 이름이 자녀의 인격에 커다란 영향을 미치고 평생 동안 불려야 하므로 신중을 기한다. 발음상으로도 아름답게 들리고 심오한 의미가 담긴 이름을 선호한다.

우리가 알고 있는 대표적인 우즈베크 이름을 알아보자. 자밀라와 구잘. 자밀라는 아랍어에서 온 이름으로 '아름다운', '사랑스러운'이라는 뜻을 가진다. 구잘은 터키어에서 유래된 이름인데 뜻은 '예쁜', '잘생긴', '좋은' 등이다. 우즈베크 인명의 범위는 다양하지만 좋은 이름은 많이 사용될 수밖에 없어서 동명이인이 많은 편이다.

여자들의 이름은 아름다움, 우아함, 매력적인, 부드러움 등을 뜻하는 경우와 꽃의 이름을 딴 경우가 많다. 쉬린은 '달콤한'을, 나피사는 '우아한', '품위 있는'을, 딜바르는 '매력적인', '사랑스러운', 로라는 '튤립', 닐루파는 '연꽃'을 의미한다.

남자들의 이름은 그 의미가 남자답고 강함을 뜻하는 경우가 많다. 티무르는 '강철'을, 울르그벡은 '위대한 장군'을, 쿠드라는 '힘'을 뜻하는 이름이다. 보석 명을 이름으로 붙이는 경우도 있다. 주므라드는 '에메랄드', 수크롭은 '루비', 피루자는 '터키석'을 뜻한다.

한국과 유사한 의식구조 속에서 만들어진 작명법도 있다. 우즈베크 역시 과거 한국처럼 남아선호사상이 강한 편이다. 아들을 보기 위하여 계속 출산하지만 딸인 경우 딸의 이름을 '오흘로이', '울잔', '크즐라르바스' 등으로 짓는데 각각 '아들', '딸 다음에 아들', '딸은 충분하다' 등의 뜻을 가지고 있다. 이런 이름을 딸에게 지어주면 아들 출산을 방해하고 있는 나쁜 귀신을 속일 수 있어서 다음번에는 아들을 낳을 수 있다는데 정작 실효성은 의문이다.

이슬람 종교의 영향을 받은 우즈베크 민족만의 독특한 작명법도 있다. 그것은 바로 쌍둥이의 이름이 정해져 있는 것이다. 남자 쌍둥이일 경우는 하산(형) · 후산(동생), 여자 쌍둥이는 파티마(언니) · 주흐라(동생)로 이름이 고정되어 있다. 남자와 여자가 쌍둥이라면 하산(오빠) ·

주흐라(동생) 혹은 파티마(누나)·후산(동생)으로 된다. 우즈베키스탄에서 이런 이름을 가진 사람들을 만난다면 쌍둥이 형제의 안부를 물어보는 것도 인사의 좋은 방법 중 하나라고 할 수 있겠다.

우즈베키스탄에서 근무하면서 쌍둥이 형제자매들을 만나는 경우가 종종 있었다. 특히 기억에 남는 사람은 우즈베키스탄 신문기자로서는 처음 나를 취재하여 기사화해 준 여자 쌍둥이 자매다. 둘 다 신문기자이지만 일하는 신문사는 달랐다. 취재를 동시에 진행할 때 좌우 번갈아 쳐다봐도 똑같은 사람이라 많이 당황스럽기도 하고 신기하기도 해서 오히려 내가 이것저것 많이 물어보았다. 그 후로 친구가 되어 지금도 친하게 지내고 있다.

이들에 관한 재미난 일화를 하나 소개한다. 이 쌍둥이 자매는 중국에 가서 박사과정을 공부하고 싶어 했는데 입학지원 과정에서 문제가 있었다. 왜냐하면 둘 다 같은 학교, 같은 학과에 지원했기 때문이다. 입학지원서를 중국 대학교 측에 보냈지만, 중국 대학교 측에서는 동일인이 두 개의 원서를 낸 걸로 착각하고 한 명만 합격을 시켰다. 같이 유학을 가려고 준비하고 있는데 한 명만 합격 허가가 나오자 미련 없

проявления своего таланта. И она стремится идти в ногу со временем, активно применять свои знания, умения и инициативу на благо и будущее страны.

ЗАКАЗОВ
...АНОВИТСЯ БОЛЬШЕ

РАСШИРЯТЬ ГРАНИЦЫ ПОЗНАНИЯ

1. 쌍둥이 아가씨인 주흐라(좌)와 파티마(우). 두 사람을 구별하기 힘들지만 파티마는 얼굴에 점이 있다.
2. 2009. 8. 3. 베체르니이 타슈켄트에 보도된 나의 활동상, 주흐라가 작성한 기사다.

이 포기하고 지금은 다시 준비를 하고 있다. 파티마와 주흐라는 초·중·고등학교, 대학교도 함께 다녔고 전공도 동일하며 직업마저 같다. 둘이서 떨어져 지낸다는 걸 상상도 못하는 눈치였다. 이메일도 하나로 통일되어 있을 만큼 언제나 한 몸처럼 지내지만, 그래도 시집만큼은 따로 가겠다고 해서 다행이라고 안도의 박수를 쳐주었던 기억이 난다.

우즈베키스탄 속의 한국

오아시스에서 잠을 깨다

3

3

1
한국어를 배우는 그들

대한민국의 문화와 정신을 체험해보고 알고싶어 하는 사람들이 지구 반대편에도 많이 있다는 것은 대한민국 국민의 한 사람으로서, 한국어가 모국어인 사람으로서 가슴 뿌듯하고 자랑스러운 일이 아닐 수 없다.

세계에는 약 6000개의 언어가 있다고 한다! 그런데 이 중의 절반은 사라질 위험에 처해있다. 2999년에는 전 세계가 중국어 아니면 영어만을 말하고 있을지도 모른다.

지금 대한민국을 비롯한 많은 나라가 영어 공부에만 열중하고 있는데 우즈베키스탄에는 한국어를 열심히 배우는 사람들이 있다. 한국 드라마 열풍을 타고 덩달아 한국어 열풍이 불었으면 좋겠지만 사실 한국어가 최고는 아니다. 그렇다고 하더라도 외국어 영역에서 일정 부분 비중을 차지하고 있는 것은 사실이다.

우즈베키스탄 제일의 수재들이 간다는 '외교대' 학생들의 제3외국어 선택 순위를 보면(이 친구들에게 러시아어는 제1외국어이면서 거의 모국어다. 영어는 제2외국어이다) 1순위가 독일어, 2순위가 프랑스어, 3순위가 스페인어, 4순위가 이탈리아어, 5순위가 중국어, 6순위가 일본어, 7순위가 아랍어, 8순위가 한국어라고 한다. 꼴등이라 좀 그렇지만 그래도 그나마 배워주니 감사하다고 해야 할까? 물론 이 학생들은 유학을 잘 받아주고 장학금이 잘 나오는 나라의 언어를 필요로 한다. 유럽 쪽의 언어를 선호하는 것은 유럽은 학비가 저렴하고 장학금이 많기 때문일

음력설에 있는 한국어 수업 시간에 한복을 입고 페르가나 국립대학교에서 강의하고 있는 KOICA 한국어교육 분야 신극원 단원.

것이다.

우즈베키스탄에서 근무하면서 외국어 공부에 관심이 많이 생겨서 외국어 학원도 많이 알아보았다. 재미있는 것은 외국어 학원도 빈부 격차가 있는지 가격 차이가 심하다는 사실이다. 프랑스어 학원은 2달 수강하는데 100유로를 내라고 했다. 중국어 학원의 2달 수강료가 5만 숨(원화로 약 2만 5천 원), 일본어 학원의 2달 수강료가 6만 숨(원화로 약 3만 원)정도인 걸 감안하면 너무 비싼 가격임에 틀림없다. 가격이 비싸다고 해서 우수한 원어민 강사가 가르치는 것도 아니었다. 프랑스 국민들의 자국 언어에 대한 자부심은 익히 들어 알았지만 이렇게 비싸게 가격을 책정해 놓으니 그 자부심이 약간은 오만으로 보인다.

우즈베키스탄에 있는 한국어 교육원의 수강료는 2008년도까지는 선착순 무료였다. 지금은 수강료를 받는다고 하는데 다른 학원에 비

한국어 단어 뜻을 정리하는 어느 우즈베키스탄 소년의 공책.

해서 확실히 저렴하다. 솔직한 개인적인 생각으로는 한국어를 배워주니까 감사할 뿐이다.

한국의 큰 명절인 음력설에 우즈베키스탄 페르가나국립대를 찾았다. 그 추운 날에도 한국어를 배우려고 온 많은 사람들의 뜨거운 열기로 교실 안은 훈훈했다. 명절이라 특별히 한복을 차려 입고 수업을 진행하는 선생님을 흥미롭게 바라보며 아직은 어색한 발음으로 '새해 복 많이 받으세요!'라는 덕담을 연습한다.

언어를 배우는 것은 단순한 말과 글을 배우는 것이 아니라 그 나라의 문화와 정신을 체험하는 특별한 과정이라고 한다. 대한민국의 문화와 정신을 체험해보고 알고싶어 하는 사람들이 지구 반대편에도 많이 있다는 것은 대한민국 국민의 한 사람으로서, 한국어가 모국어인 사람으로서 가슴 뿌듯하고 자랑스러운 일이 아닐 수 없다.

2

《신화는 없다》가 우즈베키스탄 서점에는 있다

잠시 머뭇거리다가 설마 하는 마음으로 다가갔더니 이명박 대통령의 저서인 《신화는 없다》가 러시아어와 우즈베크어로 번역되어 나온 것이다. 책을 펼쳐 보니 책은 먼저 러시아어판이 발간된 걸로 보인다.

서점과 책방은 책을 파는 곳이라는 의미에서 이음동의어(異音同義語)지만, 단어가 주는 느낌으로는 책방은 서점보다 더 작고 아늑할 것 같다. 책방 하면 사방이 헌책으로 빼곡히 꽂혀있고, 높은 창문에서 비스듬히 들어오는 햇빛을 따라 먼지들이 둥둥 떠다니며, 코를 약간 맵게 하는 씁쓸한 헌책 냄새가 나는 곳이 떠오른다.

우즈베키스탄에도 이런 곳이 있다. 바부르공원 사거리에 위치한 어두컴컴한 헌책방이었다. 한국과 다른 점은 책이 러시아어나 우즈베크어로 되어있다는 것뿐이고, 모든 면이 유사하다. 주인아저씨만 한국말을 한다면 한국 헌책방에 와있다고 착각할 만하다. 가끔 호주머니에 돈이 뭉텅이—우즈베키스탄은 고액권이 없어서 항상 잔돈을 잔뜩 가지고 다녀야 한다—로 잡히면 이곳을 찾아가 충동구매를 하곤 했다.

새 책을 파는 서점에도 자주 가곤 했는데, 새 책을 파는 서점의 책장엔 책이 별로 없다. 책장을 통해서 맞은편에 있는 다른 손님과 멋쩍은 눈인사를 하기 일쑤다. 그래도 표지가 반짝반짝한 새 책이 보내는 유혹의 손길을 뿌리치지 못하고 몇 시간씩 이 책 저 책 둘러보곤 하는 게 나의 취미생활 중 하나였다.

그러던 어느 날 우즈베키스탄 국립 나보이극장 맞은편에 위치한 서점에 가서 이런저런 책을 구경하다가 나를 쳐다보는 익숙한 얼굴에 깜짝 놀랐다. 저 분이 왜 저기서 나를 쳐다보나, 하고 나도 가만히 봤다. 잠시 머뭇거리다가 설마 하는 마음으로 다가갔더니 이명박 대통령의 저서인 《신화는 없다》가 러시아어와 우즈베크어로 번역되어 나온 것이다. 책을 펼쳐 보니 책은 먼저 러시아어판이 발간된 걸로 보인다. 그리고 러시아어판에 이어 우즈베키스탄판이 나오게 된 건 2009년 5월 10일~12일에 이명박 대통령이 우즈베키스탄을 방문한 것이 결정적 역할을 했을 것이라 여겨진다.

이명박 대통령은 2009년 5월 10일~12일 우즈베키스탄을 방문하였다.

대한민국과 우즈베키스탄의 정치, 경제적 관계는 갈수록 발전하고 있고 우즈베키스탄 국민들은 대한민국에 많은 호감을 가지고 있다. 한때 외국으로부터 엄청난 원조를 받았으나 지금은 경제가 발전하여 타국에 원조를 해줄 수 있는 유일한 국가가 된 대한민국은 어쩌면 다른 개발도상국에게 모범 답안과 같은 이미지일지도 모른다. 아마도 대한민국을 배우자는 의미에서 이명박 대통령의 서적이 번역되어 나왔을 것이다. 고학생에서 성공한 샐러리맨 그리고 대통령까지…. 제목은 《신화는 없다》라고 애써 부정하지만 분명 이것은 하나의 신화이다. 이것은 비단 대한민국 사람들만의 신화가 아니고 세계 사람 모두가 알고싶어 하는 신화일 것이다. 《신화는 없다》는 일본어, 중국어, 베트남어로 이미 번역이 이루어졌다. 그만큼 이 대통령의 인생은 많은

우즈베키스탄 서점에 자랑스럽게 진열되어 있는 이명박 대통령의 저서 《신화는 없다》.

나라에서 인구에 회자되고 있다고 볼 수 있겠다.

그렇다면 우즈베키스탄 공화국 이슬람 카리모프 대통령의 저서는 어떤 것이 있을까? 참고로 우즈베키스탄 학생들의 진급 시험에는 필수과목인 '대통령학'이 있다. 따라서 대통령의 저서를 충실히 공부해야 하는데 카리모프 대통령의 저서는 《우즈베키스탄 국민은 누구에게도 의존하지 않는다》, 《인간, 그의 권리와 자유-높은 목적》, 《글로벌 재정》, 《경제위기-우즈베키스탄에서 위기를 극복하는 방법과 수단》 등이 있다. 사족이지만 우즈베키스탄 학생들이 가장 공부하기 싫어하는 과목도 '대통령학'이라는 후문이다.

이 서적 중에 한국에도 소개된 책이 있다고 하는데 2006년 3월 8일자 《코리아헤럴드》지에는 《우즈베키스탄 국민은 누구에게도 의존하지 않는다》가 한국어로 번역되어 큰 호응을 얻고 있다는 기사가 보인다. 이 책을 찾아서 한번 읽어보고 싶었지만 인터넷 서점을 통한 검색으로는 도저히 찾을 수 없었다. 아마 서울 헌책방 어딘가에서 누구에게도 의존하지 않고 조용히 책장 한 켠에 자리 잡고 있을 것이다.

3

색즉시공

우즈베키스탄에서 한국 드라마의 인기는 대단하다. 우즈베키스탄 사람들이 한국 사람으로 보이면 무조건 내뱉는 말이 '주몽', '당금(대장금)', '장보고' 등의 한국 드라마 제목일 정도로 한국 드라마가 인기가 많다.

우즈베키스탄에서 한국 드라마의 인기는 대단하다. 우즈베키스탄 사람들이 한국 사람으로 보이면 무조건 내뱉는 말이 '주몽', '당금(대장금)', '장보고' 등의 한국 드라마 제목일 정도로 한국 드라마가 인기가 많다.

〈주몽〉은 워낙 인기가 많아서 주몽 과자도 있고 송일국이 인쇄된 옷도 많이 입고 다닐 정도다. 우즈베키스탄 사람과 이야기하다가 내가 〈대장금〉이나 〈주몽〉을 보지 못했다는 사실을 이야기하면 한국 사람 맞느냐는 식으로 쳐다보는 경우가 많았는데, 괜히 이영애 씨와 송일국 씨에게 미안해지기도 했다.

우즈베키스탄 TV 프로그램 중 드라마 부분은 한국 드라마가 많은 부분을 차지한다. 계속 재탕하고 삼 탕하는 경우가 많은데, 우즈베키스탄 사람들은 다시 봐도 재미있다고 이야기한다. 일본 드라마도 가끔 방영되곤 하지만 유럽이나 미국 드라마는 거의 볼 수가 없었다. 아직까지 우즈베키스탄 정서에는 받아들이기 어려운 모양이다. 우즈베키스탄 역시 한국 드라마와 한국 영화의 인기가 좋은 한류열풍인 나라이다.

1. 우즈베키스탄 테르미즈시에서 만난 주몽 티셔츠를 입은 소년.
2. 지금은 사라졌지만 우즈베키스탄에는 주몽이라는 식당도 있었다(사진 제공 황상돈).

얼마 전 병원에서 같이 근무하는 고려인 남자 의사인 빠벨이 은밀히 나에게 물었다. “죽이는 한국 포르노가 있어요, 복사해 드릴까요?” 그즈음 밤이 많이 외로웠던 나는 체면 불구하고 “꼭 복사 해다 주소!” 하고 부탁했다. 한국 드라마와 한국 영화에 이어 드디어 한국 포르노 영화까지 한류를 타는구나, 하고 생각했다. 한국인으로서의 자부심까지는 아니어도 한국 포르노 영화산업계의 발전에 많이 놀라긴 했다.

무슨 내용일지 궁금했다. 우즈베키스탄 사람들은 도대체 어떤 스타일의 한국 포르노를 좋아한단 말인가? 이슬람 문화와 러시아 문화가 교묘히 섞인 이들의 성적 취향에 대한 호기심이 문화인류학적으로까지 발전해서 꼬리에 꼬리를 물고 이어졌다.

다음날 마약 배달하듯 아무도 눈치 못 채게 건네준 CD를 바라보며 빨리 집에 가기만을 기다렸다. 하루가 너무나 더디게 갔다. 드디어 집에 가서 침을 꼴깍 삼키며 재생 버튼을 눌렀는데 시작부터 익숙한 화면이 나오는 게 아닌가? 난 내 눈을 의심했다. 공이 톡톡 튀기더니 '쇼박스' 로고가 적힌 상자 안에 들어가는 것이었다. 한국의 메이저급 영화사가 이제는 포르노 영화까지 만들어서 수출하는 모양이라며 끌끌 혀를 찼다. 한국의 경제 사정이 어렵긴 어려운가 보구나, 하는 생각을 하는 찰나, 주연배우 이름이 떴다.

아! 그런데… 주연이 '임창정'이라고 나오는 것이 아닌가. 임창정 씨가 포르노를 찍었어? 이거 해외토픽감이라는 생각을 하는 순간, 잉! 하지원까지… 정말 대박이라고 생각했다. "고맙다. 빠벨!"을 외치며 점점 빠져드는데, 영화 제목이 '색즉시공'이라고 나오는 게 아닌가. 색! 즉! 시! 공! 그것도 1편. 2002년에 개봉한 〈색즉시공〉이 2008년 우즈베키스탄에서는 한국산 포르노 영화로 대히트 중이었던 것이다. 난 황급히 정지 버튼을 누르고 잠시 멍하니 앉아 있었다. 우즈베키스탄 사람들은 이 정도를 포르노 영화라고 한단 말인가? 이 어이없는 상황에 대한 의문은 터져 나오는 웃음과 함께 계속됐고 허탈한 마음으로 다시 재생 버튼을 눌렀다. 포르노에 대한 깨달음은 나에게 그렇게 왔다.

4
조로사전

그러다 헌책방 거리 끝자락의 자그마한 헌책방 가판대 한가운데에서 옥스퍼드 영러사전을 자랑스럽게 지그시 밟아주고 있는 《조로사전》이란 것을 보았다. '저게 무슨 사전이지?' 했는데 그것은 바로 조선말 · 러시아어 사전이었다.

갑자기 러시아어 과외가 취소되어 시간도 남고 할 일도 없어져 헌책방 거리를 나가 보았다. 우즈베키스탄은 아직 출판산업이 활발하지 못하기 때문에 서점에 가도 많은 책을 구경하기는 어렵다. 우즈베크어로 나온 출판물들은 생각보다 적은 편이며 러시아어 출판물들은 대부분 수입하기 때문에 가격이 비싸다.

구 소련시대에 출간되어 나온 책들은 헌책방에서나 헌책 거리에서 구경할 수 있다. 우즈베키스탄에서 유명한 헌책방 거리는 시내 중심가의 국영백화점(굼마가진) 뒤편에 펼쳐져 있다. 이 헌책방 거리는 말만 헌책방 거리지 새 책을 팔기도 하며 잘못 걸리면 똑 같은 책을 일반 서점보다 더 비싸게 주고 사기도 한다. 판매 서적은 주로 외국어 학습 서적, 컴퓨터 관련 서적, 잡지 과월호, 우즈베키스탄 홍보사진 서적, 우즈베키스탄 관련 서적 등이다. 조금이라도 싸게 구입하기 위해서는 우즈베크어나 러시아어로 인내심을 가지고 홍정을 잘하는 게 관건이다. 물론 여러 차례 거리를 왕복하면서 가격을 비교하며 발품을 파는 것은 기본이다.

어느 헌책방에서는 티코와 다마스 설명서를 진열해놓고 팔기도 하

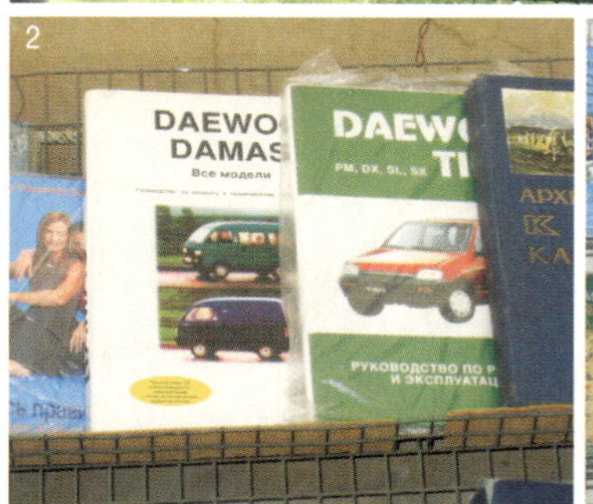

1. 서점 가판대 한가운데에 자리를 차지하고 있는 조로사전.
2. 다마스와 티코 설명서, 우즈베키스탄에서 버스로 흔한 것은 다마스고, 택시로 흔한 것은 티코다.
3. 의외로 풍수 관련 서적이 많이 진열되어 있다. 집이 사유화되면서 가구 배치에 관한 관심이 폭발적으로 늘어난 것으로 보인다.

고(티코와 다마스가 우즈베키스탄에 워낙 많으니 수요가 있긴 하겠다), 한국에서는 무료인 서울 관광지도(서울에 여행 가고싶어 하는 우즈베키스탄 여행객은 살 수도 있겠다)를 파는 곳도 있고, 풍수(風水)에 관련된 서적만 모아놓고 파는 곳(우즈베키스탄 경제가 성장하면서 집 내부 장식에 대한 관심이 높아지고 이와 함께 가구 배치에 관한 풍수지리학이 인기가 많다)도 있었다.

그러다 헌책방 거리 끝자락의 자그마한 헌책방 가판대 한가운데에서 옥스퍼드 영러사전을 자랑스럽게 지그시 밟아주고 있는 《조로사전》이란 것을 보았다. '저게 무슨 사전이지?' 했는데 그것은 바로 조선말 · 러시아어 사전이었다. 세계인들에게 코리안 랭귀지(KOREAN LANGUAGE)는 북한 조선말과 남한 한국어로 나누어지는 모양이다. 게다가 우즈베키스탄에는 고려말이란 것도 있다. 조선말도 아니고 한국어도 아닌 고려말. 연세 많으신 고려인 할아버지, 할머니들은 나에게 한국 사람이냐고 물어본 다음에 꼭 고려말 할 줄 아냐고 물어보는 경우가 많다.

우리 한민족에게 한국어만 있다고 생각했지만 엄밀히 따지자면 뿌리가 같을 뿐 '똑같은 언어'라고 말할 수는 없는 여러 가지 언어가 있는 것이다. 북한 사람한테 한국어와 북한말이 같은 언어라고 하면 많은 외래어를 그대로 차용하는 주제에 어딜 같다고 하냐고 면박을 줄지도 모를 일이다.

우즈베키스탄에서 가끔 구경하는 조선민주주의인민공화국 대사관과 그 의전 차량(북한의 의전 차량은 벤츠이며 대한민국은 현대 에쿠스이다)을 보며 북한의 실존을 피부로 느낀다. 텔레비전, 라디오와 신문에서만 보고 듣던 그 북한 사람들, 한국어가 아닌 조선말을 쓰는 그들을 길을 가다가 마주쳤을 수도 있고, 같은 식당 다른 식탁에서 밥을 먹었을 수도 있다. 지금은 서로 모른 체하고 살아야 하지만 그들과 우리는 어쩔 수 없이 서로를 알아가야만 하는 운명이다.

헌책방 아저씨가 나를 붙잡고 당당히 보여준 《조로대사전》은 크기도 컸으며 헌책치고는 너무 비쌌다. 다음에…, 다음

조선어 · 러시아어 대사전, 크기도 컸지만 너무 비쌌다.

에 통일이 되어 남과 북의 언어도 통일될 때가 오면, 그때가 오면 사야겠다고 생각하며 아쉬운 마음에 그냥 몇 번 쓰다듬어 보고 빤히 쳐다보기만 했다.

5

그녀의 조국은?

고려인들이 스스로를 한국 사람으로 생각하리라고 넘겨짚었다가 무안했던 적이 여러 번 있었다. 그들 대부분은 스스로를 러시아 사람, 우즈베키스탄 사람이라고 생각한다. 어쩌면 그들의 가슴엔 세 개의 조국이 있는지도 모른다.

프랑스어 학원에서 같이 공부하는 이리나라는 학생이 어느 날 갑자기 나에게 질문을 던졌다.

"한국엔 초이씨가 많아?"

"……"

나는 그녀의 갑작스러운 질문에 눈만 깜빡거리고 있었다.

"나도 25%는 한국 사람이야."

"한국 사람이라구? 전혀 한국 사람 티가 안 나는데?"

"……"

두 사람 중 누가 고려인 이리나 초이일까요?

이리나는 그녀의 할아버지가 한국 사람이라고 하였다. 그녀가 말한 초이씨는 최씨를 말하는 것이었다. 얼굴은 전혀 한국 사람 같지 않았었는데 의외였다. 한국어도 할 줄 안다기에 들어봤더니 '안녕하십니까', '나는 바보입니다', '돈이 없어요' 세 문장뿐이었다. 그것도 서툰 러시아어와 프랑스어를 섞어서 말했다. 나는 "너는 성이 최씨이니까 25%가 아니라 100% 한국 사람이야!"라고 말하며 이리나의 밝은 얼굴을 기대했다. 그러나 이리나는 나의 기대와 달리 "아니야, 나 우즈베키스탄 사람이야"라고 답했다.

우즈베키스탄의 인구는 125개 이상의 민족으로 구성되어 있으며 고려인이 0.6%를 차지한다. 고려인 전체 인구가 20만 명쯤 된다고 한다. 스탈린의 강제이주정책으로 우즈베키스탄까지 와서 정착하게 된 이 사람들을 나는 당연히 한국(조선이라고 해야 하나? 고려라고 해야 하나?) 사람이라고 생각한다.

그러나 고려인들이 스스로를 한국 사람으로 생각하리라고 넘겨짚었다가 무안했던 적이 여러 번 있었다. 그들 대부분은 스스로를 러시아 사람, 우즈베키스탄 사람이라고 생각한다. 어쩌면 그들의 가슴엔 세 개의 조국이 있는지도 모른다. 몸의 조국 한국(북한 혹은 남한), 언어의 조국 러시아, 문서상의 조국 우즈베키스탄.

그들에게 대한민국이 그네들의 뿌리라고 말을 꺼내는 것도 실은 미안하기 짝이 없다. 대한민국이 그들에게 잘해주지도 않는데 조국이라고 떠들어 대기가 영 마뜩하지 않았던 것이다.

이렇게 고려 사람들이 대한민국을 조국이라고 생각하지 않고, 대한민국이 그들을 품지 못하는 상황을 반드시 극복해야 하는 이유는 미래의 통일 한국을 위해서라고 감히 말하고 싶다. 통일 후에 북한 동포들은 조국을 버리려 하고 남한은 그들을 받아들이려고 하지 않는 사회적 혼란을 최소화하는 해결 방법의 시작으로 고려인과 같은 처지의 재외동포와 대한민국의 어색한 관계를 해소해 나가는 노력이 급선무가 되어야 할 것이다.

가끔 만나게 되는 고려인 학생들에게 책을 선물한다. 러시아어로 된 한국 소개 책자인데 맨 앞에 '한국사람 OOO에게'라고 써서 주는데 내 딴엔 신경 쓰는데도 대부분 반응이 영 신통치 않았다. 이번에 최 이리나에게도 책을 선물하였다. 그녀는 지금은 프랑스로 유학 갈 준비를 하느라 시간이 없지만 언젠가 기회가 되면 한국어도 제대로 배워보고 싶고 한국에도 가보고 싶다는 얘기를 해서 빈말이라도 내가 쓸데없는 일을 한 건 아니라는 위안을 얻었다.

"최 이리나 씨 당신은 한국 사람입니다. 대한민국은 당신을 기다립니다."

두 번째 사진이 최 이리나입니다.

6

내 친구 빠벨

우즈베키스탄의 고려인 의사들은 자신들만의 전문성을 한의학에서 많이 찾으려고 하는 것 같다. 아무래도 타민족 의사들보다 한의학에 익숙한 장점이 있기 때문일 것이다. 이와 관련하여 1937년 강제이주 시절부터 고려인 사회에는 항상 한의학을 업으로 삼는 사람들이 존재해왔다는 몇몇 고려인들의 증언을 듣기도 했다.

빠벨은 한국 · 우즈베키스탄친선한방병원에서 공부한 우즈베키스탄 고려인 의사다. 부인도 우즈베키스탄 고려인 의사인데, 이 두 사람은 2007년부터 우리 병원에 와서 한국한의학의 경혈학, 침구학, 본초학, 방제학 등을 열심히 배웠다. 특히 한국의 사암침법을 열심히 공부했다. 이전에 중국 침구학을 배우면서 그게 다인 줄 알았는데 대한민국 한의학에도 전통 침법이 있다는 것을 알고 많이 놀라워했다. 두 사람은 열심히 공부했지만 처음 수료 시험에는 실패하고 6개월 동안 다시 과정을 밟고 재시험에 합격하여 한 · 우친선한방병원의 수료증을 받았다.

우즈베키스탄에서 의사라는 직업의 인기는 한국에 비하면 많이 낮다. 물론 의사가 존경 받는 직업이기는 하지만 경제체제가 사회주의였던 시대부터 수입이 적다 보니 우수한 인재들은 대부분 법률가나 외교부 관계 일을 하려고 한다. 그러나 우즈베키스탄이 독립 이후 자본주의 경제체제를 받아들이면서 서서히 의사들도 돈 버는 방법을 찾아내려고 한다. 외과의사들은 수술 전 뒷돈을 많이 요구하는 경우도 있다고 하고, 어떤 의사들은 거대 제약회사와 결탁하여 비싼 가격의

1. 1년간 한 · 우친선한방병원에서 한국한의학을 공부하고 수료증을 받은 빠벨과 그의 부인 리아나.
2. 접수 날 진료 접수를 도와주는 빠벨.
3. 한약 조제를 훈련 받는 빠벨.

추나교육을 수료한 우즈베키스탄 현지 의사들, 나이와 성별을 초월해 나는 그들과 친구가 되었다(좌로부터 인나, 수라요, 빠벨, 안드레이).

한국동양의학 침반사요법사분과 학회장이 된 빠벨이 학회 회원들에게 회원증을 나눠주고 있다.

외국산 영양제를 파는 일들을 많이 한다고 한다.

그러나 우즈베키스탄의 고려인 의사들은 자신들만의 전문성을 한의학에서 많이 찾으려고 하는 것 같다. 아무래도 타민족 의사들보다 한의학에 익숙한 장점이 있기 때문일 것이다. 이와 관련하여 1937년 강제이주 시절부터 고려인 사회에는 항상 한의학을 업으로 삼는 사람들이 존재해왔다는 몇몇 고려인들의 증언을 듣기도 했다.

빠벨을 처음 봤을 땐 그저 빨리 침을 배워서 돈을 벌고싶어 하는 의사인줄 알았는데 빠벨이 한의학을 굉장히 사랑한다는 걸 알게 되었고 오히려 내가 빠벨에게 많은 걸 배웠다. 가끔가다 듣게 되는 이 친구의 한의학에 대한 열정은 정말 부러울 정도였다. 자기 아들 이야기를 하면서 자기 아들도 꼭 한의학을 공부했으면 좋겠다고 말하고, 또 가끔 질환별 한방치료에 대해서 토의를 하다 보면 나보다 더 한의학적으로 생각하고 치료하려고 의욕을 보이는 모습에 반성도 많이 했다.

빠벨은 아직 한 번도 한국에 가본 적이 없는데 언젠가는 아내와 아이를 데리고 가보고 싶다고 한다. 한국에 가서 제일 하고 싶은 일이 무엇이냐고 물은 적이 있었다. 제주도나 경주 관광을 대답으로 기대하고 있었는데, 한국의 좋은 한의원, 한방병원, 한의과대학을 견학해보고 싶다는 대답엔 정말 두 손 두 발 다 들었다.

빠벨은 2010년인 지금도 한·우친선한방병원에서 진료의사로 근무하면서 우즈베키스탄 의사협회의 정식 분과학회인 한국동양의학 침반사요법사분과(Отделение Иглорефлексотерапевтов Корейской Восточной Медицины)학회장으로 활동하고 있고, 고아원을 다니며 의료봉사까지 정기적으로 하고 있다. 언제나 열심히 일하며 뜨겁게 한의학을 사랑하는 빠벨이 언젠가 우즈베키스탄 한의학 발전에 중요한 역할을 해주길 기대한다.

7

로샤말로 하지 말고 고려말 합소! 같은 조선 사람끼리

의료봉사를 가서 할머니, 할아버지와 러시아어로 진료를 하려고 하자 고려말로 하자고 하셨다. 같은 조선 사람! 한 민족, 한 핏줄임을 어렴풋하게나마 느꼈다. 조국을 떠난 지 70여 년이 넘었는데도 말을 잃어버리지 않고 그 말을 소중히 여기는 마음이 짠하게 다가왔다.

1937년 9월 스탈린은 연해주에 거주하던 한인들에게 억울한 누명을 씌우고 소수민족분리정책을 앞세워 그들을 중앙아시아로 강제 이주시킨다. 말이 좋아 '이주'지 중앙아시아로 가는 그 길은 죽음의 길이었다고 한다. 수많은 아이와 노인들은 최소한의 인간적 삶도 보장받지 못하는 기차 안에서 고통에 신음하다 세상을 떠났다. 믿고싶지 않은 사실은 그 상황에서 살아남은 사람들은 어쩔 수 없이 죽은 사람을 열차 밖으로 던져야 했다는 것이다. 이런 고통스러운 상황은 약 40여 일간 계속되었고 마침내 중앙아시아에 도착했을 땐 전체 고려인 중 10% 이상의 사람이 목숨을 잃었다고 한다. 게다가 이주 당한 곳에서는 삶을 영위할 수 있는 기초적인 물자배급도 없었다고 한다.

이주 첫해에 황무지에서 우리 한인들의 삶은 처절하게 망가졌다. 1929년도 인구조사 결과로는 한인 수가 약 20만 명이었는데, 1939년에는 9만 4천 명으로 조사됐다는 사실은 무엇을 의미하는가? 절반 이상의 우리 한인들은 어디로 갔는가?

놀랍게도 고려인들은 이 처절한 상황에서도 끝내 굴하지 않고 중앙아시아에 정착했다. 우즈베키스탄에는 현재 약 20여만 명의 고려인들이 거주하고 있다. 많은 사람들이 고려인들의 생활이 지금도 굉장히 궁핍할 거라고 생각하는 경우가 많은데, 오히려 그 반대이다. 잘사는 고려인 동포가 더 많다. 다들 똑똑하고 부지런하다.

한국인의 독특한 기질 중의 하나인 자식 교육에 몰두하는 것 역시 여기 우즈베키스탄에서도 마찬가지다. 20~30년 전에는 우즈베키스탄에서 대학을 못 가는 고려인은 주위에서 많은 놀림을 받을 정도로 대학 진학률이 높았다고 한다. 그에 비해 지금의 젊은 세대들은 똑똑한 젊은이들도 많지만 부모가 이룩한 부를 흥청망청 써버리기만 하는 경우가 늘어나고 있다는 걸 보면 과거에 비해 억척스러움이 많이 약해진 모양이다.

내가 우즈베키스탄에서 만났던 많은 고려인 동포들은 대부분 2~4세들이어서 이주 1세대들의 이야기는 잘 듣지 못했다. 우즈베키스탄 고려문화협회에 따르면 지금 생존해 있는 이주 1세대들은 약 2000~3000명 정도라고 한다. 이 분들의 고통은 남의 이야기가 아니라 내 가족, 내 친척의 고통이다. 그 고통을 위로해 줄 수 있는 국가적 차원의 노력이 계속되었으면 한다.

우즈베키스탄 타슈켄트주 시온고마을의 아리랑요양원.

아리랑요양원은 한국 정부가 재외동포지원사업의 일환으로 무료로 운영하는 시설로 2010년 1월 11일에 운영을 시작하였으며, 우즈베키스탄에 거주하는 1937년 이전 태생 고려인과 60세 이상의 독거노인들을 입소 대상자로 하고 있다. 무료로 운영되기 때문에 많은 지원자가 있을 것으로 예상했지만 개원 초반에는 그렇지 않았다고 한다.

왜냐하면 고려인 동포들은 부모봉양을 당연하게 여기기 때문에 자신의 부모가 요양원에 가게 되는 것을 굉장히 꺼린다는 것이다. 또 아직까지 요양원과 같은 의료시설에 대해서 익숙하지 않은 우즈베키스탄에서는 아리랑요양원의 설립 의도를 잘못 파악하고, 요양원에 대한 괴소문도 많았다고 한다. 지금은 40여 명의 할아버지, 할머니들이 입주하여 편안한 요양 생활을 하고 계신다.

한 · 우친선한방병원은 2010년 1월부터 우즈베키스탄 타슈켄트주 유코리치르칙구 아흐마드야사위(시온고)마을에 위치한 아리랑요양원에서 주 2회 순회 진료를 실시해오고 있다.

의료봉사를 가서 할머니, 할아버지와 러시아어로 진료를 하려고 하자 고려말로 하자고 하셨다. 같은 조선 사람! 한 민족, 한 핏줄임을 어렴풋하게나마 느꼈다. 조국을 떠난 지 70여 년이 넘었는데도 말을 잃어버리지 않고 그 말을 소중히 여기는 마음이 짠하게 다가왔다. 한 할머니는 고려말을 잊어버린 것을 너무 미안해 하셔서 오히려 내가 어찌할 바를 몰라 난처해지기도 했다. 할머니는 80세를 바라보시지만 한국어를 공부해서 다음엔 한국말로 대화하자고 약속하셨다.

한 할아버지는 우즈베키스탄 국적으로 제2차세계대전에도 참전하셨다고 한다. 조국을 직접 지킨 것은 아니지만, 참전이 자랑스러우신지 진료를 받으러 오실 때마다 가슴에 훈장을 달고 오셨다. 할아버지는 매번 낡고 색깔이 변한 훈장을 자랑하시며 안부를 묻는 나의 질문에 고려말로 '일 없소!'를 외치셨다. '일 없소!'는 하는 일이 없다는 것이 아니라 '괜찮다'라는 뜻의 고려말이다. 진료를 마치고 가시는 길에는 '아슴차이요'라고 말씀하시는데 처음엔 침 맞고 숨이 차다는 불평

1. 아리랑요양원에서의 의료봉사. / 2. 항상 훈장을 달고 진료 받으러 오시는 할아버지. / 3. 설날 행사에 곱게 한복을 입으신 할머니들.

인 줄 알고 긴장했었지만 통역 선생님이 뜻을 알려주셨다. 그 뜻은 바로 '감사해요'였다. 오히려 내가 오랜 시간 이역만리 타국에서 고려말을 지켜온 할아버지와 할머니에게 감사의 마음을 표현하고 싶었다.

2010년 2월 14일은 우즈베키스탄에서는 평범한 일요일이었다. 그러나 한국 사람에게는 특별한 명절인 설날이었다. 명절이라도 고향에 갈 수 없고 성묘도 할 수 없는 처지였다. 그냥 쉬면서 하루를 보낼까 했지만 외국에 나와 지내다보니 더욱더 부지런하게 한국의 전통 관습을 지키게 됐다. 나와 안건상, 이길준 선생은 눈길을 뚫고 아리랑요양원으로 갔다. 아리랑요양원에서는 설을 맞아 잔치가 벌어진다고 하는데 가서 어르신들께 세배를 하고 싶었던 것이다.

도착하고 보니 몇 분의 할머니들은 곱게 한복을 입으시고 잔치를 준비하고 계셨다. 잔치 중간에 한 · 우친선한방병원에서 근무하는 한의사인 우리들의 세배가 진행되었고, 귀가 따가울 정도로 박수를 크게 쳐주시면서 환호성을 외쳐주셨다. 손자뻘인 우리들의 세배에 많이들 즐거우셨던 모양이다. 우리 할머니, 할아버지. 새해뿐만 아니라 매일매일 복 많이 받으시길 진심으로 기원한다. 이 분들에게 한국에서 온 한의사는 어떤 의미일까?

지난 날 타향에서 경험했었던 침과 한약을 아직도 기억들 하고 계시다. 한의학을 통해서 이 분들에게 대한민국의 따뜻한 기운이 전해졌으면 하는 바람이고 그렇게 되도록 계속해서 노력할 것이다.

한국 · 우즈베키스탄 친선한방병원

오아시스에서 잠을 깨다

4

1
병원이 세워진 연혁

'한의학의 세계화'라는 것은 결국 '세계의 한의학화'일 텐데 세계 구석구석에 한의학 전초지가 세워지는 것이 우선 필요하다고 본다. 중앙아시아에서는 우즈베키스탄의 한 · 우친선한방병원이 그 전초 기지가 되리라 믿는다.

내가 일했던 곳은 우즈베키스탄의 수도 타슈켄트에 위치한 한 · 우친선한방병원이다. 우리 병원 앞에는 어린아이만 한 대리석 판이 세워져 있다. 그리고 거기에는 한 · 우친선한방병원이 세워진 연혁이 적혀있다.

병원이 세워진 연혁

1996년 8월 대한한의사협회가 타슈켄트에
의료봉사단으로 활동을 벌인 후
현지인들의 좋은 반응에 힘입어
한국 · 우즈베키스탄친선한방병원을
세우기로 하여 대한한의사협회
해외의료봉사단과 국립타슈미 제1대학이
자매결연을 맺고 1997년 6월 9일
단오절에 드디어 이곳에 개원을 하다.
두 나라의 문화교류와 우호증진에 중심 센터가 되길 바란다.

한국 · 우즈베키스탄친선한방병원.

매일 아침 출근하면서 이 대리석 판을 지나쳤지만 자세히 읽게 된 것은 우즈베키스탄에 오고 나서 1년 정도 지났을 때였다. 이 대리석 판 앞에서 1년간 내가 뭘 했나 생각해보니 그저 꾸역꾸역 시간만 보내고 있다는 부끄러움만 들었다. 1996년에 한의사 선배님들은 여기서 얼마나 훌륭하게 의료봉사활동을 하셨기에 이렇게 따로 병원까지 만들어서 한의학을 우즈베키스탄에 알리는 기회까지 만들어 내셨을까? 한의학을 위해서 노력하셨던 많은 분들, 노력하시는 많은 분들, 노력하실 많은 분들에게 감사하다는 말을 전하고 싶다. 한의사가 국제협력의사라는 이름으로 해외에 나가서 근무하게 된 것도 다 이 분들의 노력 덕분이라고 생각한다.

또한 이런 한의사들의 노력이 중단되지 않고 지속될 수 있었던 건 KOICA의 아낌없는 지원이 있었기 때문에 가능한 일일 것이다. 개발도상국에 교육, 산업 및 에너지, 정보통신, 지역개발, 행정제도, 환경 및 여성 그리고 보건의료 등 많은 분야에 무상원조를 실시하고 있는 KOICA는 한의사를 개발도상국에 파견함으로써 한국한의학의 발전을 측면 지원해주고 있다. KOICA에서 한의사를 1회 이상 파견한 국가는 우즈베키스탄, 카자흐스탄, 몽골, 에티오피아, 스리랑카, 베트남이다. 앞으로 더 많은 개발도상국에 더 많은 한의사가 파견되어 대한민국의 이미지도 높이는 한편 한국한의학의 세계화도 이루어냈으면 하는 바람이다.

대한한방해외의료봉사단(KOMSTA)은 내가 우즈베키스탄에서 근무했던 2007, 2008, 2009년에도 의료봉사활동을 펼쳤다. 다시 한 번 감사 인사 전한다. 욕심을 조금 더 낸다면 보다 많은 한의사들이 좀 더 자주 봉사활동을 오셨으면 한다. 개인적으로 오셔서 우리 병원에서 공부하는 현지 의사들에게 강의를 해주는 것도 좋겠고, 배낭여행 왔다가 한국한의학 서적과 자료들을 기증하고 가시는 것도 좋겠다.

'한의학의 세계화'라는 것은 결국 '세계의 한의학화'일 텐데 세계 구석구석에 한의학 전초지가 세워지는 것이 우선 필요하다고 본다. 중앙아시아에서는 우즈베키스탄의 한 · 우친선한방병원이 그 전초 기지가 되리라 믿는다. 전우 여러분들 많이 참전해 주시길….

2

줄을 서시오, 줄을

접수하는 날 아침에는 한·우친선한방병원 반경 100m까지 접수하고자 하는 인원으로 가득 찼다. 정문으로는 들어갈 수조차 없었다. 옆문으로 조용히 들어가 밖을 내다보니 창문 앞은 접수 희망자들로 인산인해를 이루었고 병원 내부는 몰려든 사람들이 햇빛을 가려 어두컴컴했다.

내가 한의사가 된 것에 보람을 느끼는 때는 환자가 회복됐을 때다. 수년간 고생했던 질환이 나한테 치료 받은 후에 좋아졌다고 환자가 즐거워하는 모습을 보면 고마울 뿐이다. 그리고 나를 찾아오는 환자가 많은 것도 즐거움 중에 하나다.

2009년 5월 20일에 한 · 우친선한방병원 진료 희망자 접수가 있었다. 한 · 우친선한방병원은 무료진료 병원으로 진료를 받으려면 순서를 기다려야만 한다. 접수하러 오신 분들은 좀처럼 줄을 서지 않으니 질서란 남의 집 이야기고 정숙은 도망간 송아지 마냥 찾기가 어려웠다.

2500명이 넘는 환자가 우르르 몰려와 서로 먼저 접수하려고 아옹다옹할 때는 환자가 많아서 즐겁기도 하지만 미안하기도 했다. 문이 부서져라 달려드는 우즈베키스탄 할머니, 할아버지의 모습에서는 안타까움을 느꼈다. 보다 많은 사람들에게 보다 많은 혜택을 주고 싶었지만 그것이 내 마음대로 되는 것은 아니었다.

더 많은 사람들에게 혜택을 주기 위해서 더 큰 병원, 더 많은 인력이 갖추면 좋을 테지만, 내가 할 수 있는 일이란 결국 더 성심성의껏

진료하는 일일 뿐이었다. 그러나 많은 환자들을 진료하면서 나는 언제나 많은 부족함만을 느꼈다. 그래도 한국에서 온 한의사라고 최 진사 댁 5대 손자 보듯이 아껴주시는 걸 보면 하는 데까지 해봐야겠다는 생각뿐이었다.

접수하는 날 아침에는 한 · 우친선한방병원 반경 100m까지 접수하고자 하는 인원으로 가득 찼다. 정문으로는 들어갈 수조차 없었다. 옆문으로 조용히 들어가 밖을 내다보니 창문 앞은 접수 희망자들로 인산인해를 이루었고 병원 내부는 몰려든 사람들이 햇빛을 가려 어두컴컴했다. 병원 자체의 접수는 오늘 시작되지만 이미 희망자들은 자신

일 년에 단 하루 진료 접수 날, 새벽부터 붐비는 사람으로 인산인해를 이룬다.

1. 접수 날은 병원 직원 모두 접수에 매달려야 한다. / 2. 매년 진료 접수하시는 고려인 할머니, 할아버지. / 3. 4. 접수를 기다리는 사람들.

들 스스로 3일 전에 순번을 매겼다고 한다. 매년 고려인 할머니 한 분이 접수 3일 전에 병원 앞 벤치에 앉아서 공책을 들고 순번을 매기는 것을 시작으로 예비 접수가 시작된다는 것이다. 실제 공책을 보니 이미 마지막 장까지 이름이 다 차있다. 진료 희망자들은 일일이 이름을 호명하지 않고 번호를 매겨 번호 순서대로 10명씩 접수하는 방법까지 자체적으로 고안해냈다. 앞에 나서서 번호를 불러주는 사람도 자발적으로 즐기면서 일을 하였고, 모두들 규칙을 지키려고 힘써주었다. 간혹 몸이 불편한 사람이나 아이와 엄마, 임산부, 고령자들에게는 순서에 상관없이 자리를 내주는 우즈베키스탄 사람들의 모습에 감동도 많이 받았다.

그러나 그 와중에도 사건 사고는 어김없이 일어난다. 다른 사람의 여권을 가져와서 접수하다가 들킨 사람, 접수창구를 이리저리 왔다 갔다 하면서 중복으로 접수하는 사람, 접수 날짜를 바꿔 달라고 으름장을 놓는 사람 등. 그러나 얄밉게 행동하면서 우리를 애먹이는 사람들의 접수도 화를 내지 않고 다 받아주었다. 그들 역시 소중한 한 · 우친선한방병원의 팬(fan)들이었기 때문이고, 100번 잘하다가도 1번 잘못하면 욕은 100배로 먹는 게 세상사의 냉정한 이치일 것이기 때문이다. 자기보다 뒤 번호가 먼저 들어갔다고 고래고래 소리 지르는 아주머니를 어설픈 러시아어로 달래고 진료실에 들어오니 와이셔츠가 땀에 다 젖어있었다. 그 축축함이 전혀 불쾌하게 느껴지지 않았던 걸 보면 나는 그때 환자가 많은 것을 굉장히 즐거워하고 있었나 보다.

2010년 5월 우즈베키스탄에서 근무하는 후임 선생님들을 통해 들은 소문으로는 이번엔 희망자가 많은 것을 넘어서서 이 분들이 쓰나미처럼 몰려와 한 · 우친선한방병원의 유리창 2개와 의자 2개가 박살이 났다고 한다. 이것은 왠지 좋은 징조로 보인다. 2010년에도 한·우 친선한방병원은 정말 말 그대로 대박 터졌다!

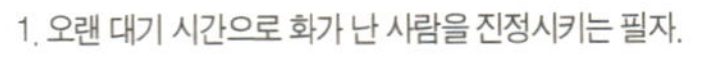
1. 오랜 대기 시간으로 화가 난 사람을 진정시키는 필자.

2. 오랜 기다림 끝에 곧 진료 접수를 하시게 될 할머니.

3

KOMSTA 有感

한 · 우친선한방병원은 1996년 콤스타에서 우즈베키스탄으로 의료봉사를 와서 우즈베키스탄 국민들에게 굉장한 호응을 얻어 만들어진 병원이라고 할 수 있다. 즉 콤스타 봉사활동이 그 시초인 것이다. 우즈베키스탄에서 근무하면서 언제나 콤스타에 감사한 마음으로, 한의사로서 콤스타를 자랑스러워하는 마음으로 일했다.

유감(遺憾)이 아닌 유감(有感)이다. 의료봉사활동에 대해 몇 가지 느낀 점을 적어본다.

2009년 8월 1일~8월 7일에 우즈베키스탄으로 여러 한의원 원장님들께서 콤스타(KOMSTA: 대한한방해외의료봉사단) 한방 의료봉사를 오셨다. 자비(自費)로 의료봉사 오신 원장님들께 세계 곳곳에서 한의학의 우수성을 알리고 한의학의 세계화에 힘써 주시는 멋진 모습에 진심으로 감사 드린다는 말씀 드리고 싶다. 현지에서 홍보를 잘했어야 하는데 홍보활동에 미숙함이 있었던 점 진심으로 죄송하게 생각한다.

한 · 우친선한방병원은 1996년 콤스타에서 우즈베키스탄으로 의료봉사를 와서 우즈베키스탄 국민들에게 굉장한 호응을 얻어 만들어진 병원이라고 할 수 있다. 즉 콤스타 봉사활동이 그 시초인 것이다. 우즈베키스탄에서 근무하면서 언제나 콤스타에 감사한 마음으로, 한의사로서 콤스타를 자랑스러워하는 마음으로 일했다. 콤스타 팀들 앞으로도 계속 멋진 일들 이루어 내시길 바란다.

"4일간 치료해서 병이 나을 수 있겠냐?", "사람이 너무 많고 기다리는 시간이 길어서 싫다", "일 년에 한 번 정도만 오는데 별로 치료 받고 싶지 않다."

홍보활동을 하면서 우즈베키스탄 국민들에게 들은 이야기들이다.

봉사활동의 이면이라고도 할 수 있겠다. 그리고 우즈베키스탄 국민들도 13년 전과 다르게 봉사활동에 무조건적인 호의를 보이지는 않는다.

2009년 여름에 한 · 우친선한방병원 자체적으로 우즈베키스탄 사마르칸트시 의료봉사를 준비하면서 우즈베키스탄 고려인협회의 전폭적인 지지를 기대했는데 부정적인 반응만을 보여서 좀 난감했었다. 한방의료 봉사활동을 통해 종교선교활동—우즈베키스탄은 종교선교활동을 강력하게 금지하고 있다—을 하려는 것 아니냐는 오해를 받고 있는 것이다.

실제로 우즈베키스탄의 많은 의료봉사활동은 종교단체의 후원으로 이루어진다. 종교단체에서 설립한 병원도 여럿 있는데 우즈베키스

2009년 우즈베키스탄 타슈켄트주 빨리따질농장에서 한방의료봉사활동을 펼친 대한한방해외의료봉사단(KOMSTA). KOICA는 이 봉사활동을 측면 지원해주었다.

탄 의료계에 중요한 역할을 담당하고 있다. 어떤 의미에서는 나 역시 한의학을 선교하는 입장이라고 할 수 있겠지만 종교선교활동과 전혀 무관한 선의의 마음으로 준비한 봉사활동 자체도 부정적인 시각으로 대하니 답답할 뿐이었다. 앞으로 우즈베키스탄에서는 의료봉사활동에 대한 차가운 정부의 시선이 점점 더 많아질지도 모를 일이다.

우즈베키스탄과 한국의 관계가 긴밀해지면서 우즈베키스탄에서 진행되는 의료봉사활동이 우후죽순처럼 늘어나고 있다. 의료봉사를 후원하고 주최하는 단체도 다양해졌다. 과거에는 각종 종교단체에서 의료봉사를 후원하는 경우가 많았다면 근래에는 대학과 기업의 후원을 통해 의료봉사가 이루어지고 있다. 또는 후원 없이 개인들이 자발적으로 조금씩 돈을 모아 의료봉사를 오는 경우도 있다.

이 중 눈에 띄는 것은 한 한국 기업의 의료봉사 후원이다. 먼저 여기서 눈에 띈다는 것이 좋은 의미가 아니라는 것을 말해둔다. 이 회사는 우즈베키스탄에 백해무익한 상품을 파는 회사다. 건강에 많은 문제를 야기시킬 상품을 팔아서 막대한 이익을 챙긴다. 그리고 그 막대한 이익의 일부를 다시 막대한 후원을 통해 우즈베키스탄 의료봉사를 진행하고 있다. 속담에서만 듣던 병 주고 약 주는 실태라고 할 수 있겠다. 물론 이 의료봉사활동을 통해서 많은 사람이 큰 도움을 받고 있고, 기업 이윤의 사회환원은 꼭 필요한 일이니 안 하는 것보다는 낫지 않느냐고 강변한다면 할 말은 없다.

내가 추구하는 이상적인 봉사활동이 너무 비현실적인지도 모를 일이다. 그리고 한 가지 더 지적하고 싶은 사항은 많은 의료봉사들이 일회성 의료봉사로 끝나는 이벤트로 전락하는 경우가 많다는 점이다. 일회성 의료봉사는 봉사활동의 효과는 차치하더라도 이런 이벤트성

의료봉사에 너무 많은 돈이 낭비되는 것이 문제라고 볼 수 있다. 불필요한 인력들까지 비싼 비행기를 타고 와서 꼭 하지 않아도 될 일들을 하고 가는 경우를 많이 목도하다 보니 좀 서글프기도 하고 저 돈을 우리 한·우친선한방병원에 후원해주면 우리 병원에서 봉사활동을 더 멋지게 할 수 있을 거라는 쓸모없는 상상을 해보곤 했다.

봉사하겠다는 사람을 말릴 수는 없다. 그러나 그 봉사활동의 숨은 뒷면이 사심(私心)으로 가득 차 있다면 본인만 모를 뿐이지 주위 사람들은 이미 다 알고 있다는 사실을 알아야 한다.

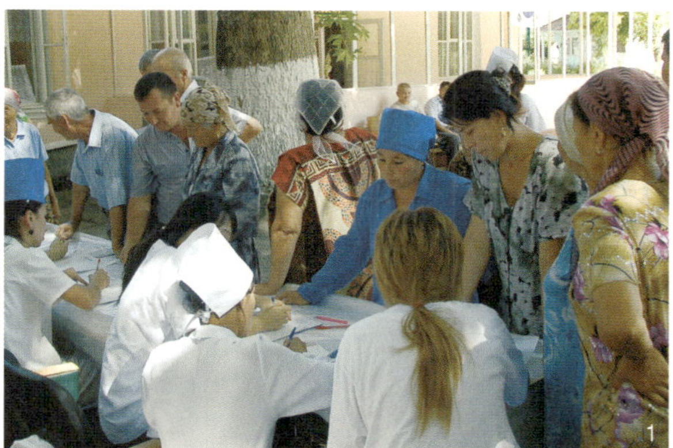

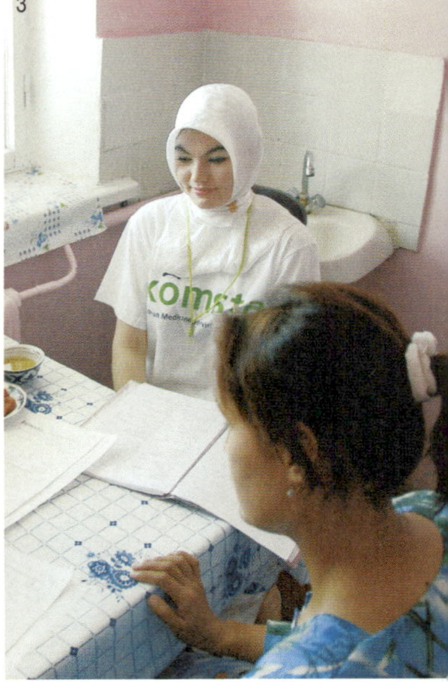

1. 진료 접수 중인 빨리따질농장 주민.
2. 진료 보조를 도와준 우즈베키스탄 현지 간호사들.
3. 한국어를 전공하는 우즈베키스탄 대학생들이 통역을 맡았다.

4

병원에서 만난 사람들

3년간 진료를 하면서 많은 사람들과 인연을 맺었다. 그 인연 중에는 오래오래 기억에 남는 좋은 인연도 있었고, 악연도 있었다. 모든 사람을 다 100% 치료할 순 없었기에 불만을 토로하는 사람도 많았으며, 오랫동안 고생해 오던 질환이 뚜렷한 호전을 보이는 경우도 많았다.

3년간 진료를 하면서 많은 사람들과 인연을 맺었다. 그 인연 중에는 오래오래 기억에 남는 좋은 인연도 있었고, 악연도 있었다. 모든 사람을 다 100% 치료할 순 없었기에 불만을 토로하는 사람도 많았으며, 오랫동안 고생해 오던 질환이 뚜렷한 호전을 보이는 경우도 많았다. 하나하나의 인연이 모두 소중하지만 지면 관계상 그 많은 인연들 중 몇 개의 인연만을 소개해본다.

Episode. 1

그녀는 위구르 아가씨였다. 그녀가 우리 병원을 찾은 이유는 손의 피부에 문제가 있었기 때문이었다. 손의 피부에 붉은 반점이 보였고 하얀 비늘을 동반한 습진과 건조하고 갈라진 틈새가 군데군데 관찰되었다. 내가 주부습진으로 보인다고 설명하자, 그녀가 깜짝 놀라며 이야기를 했다.

"아! 그래요? 저 주부 아닌데요! 저 결혼 안 했어요. 2주 후에 결혼해요."

"허허. 주부한테 많이 생긴다고 해서 주부습진이에요. 집에서 설거

지를 많이 하나요?"

"예. 매일 집안일 하죠. 그런데요 선생님. 저 결혼식 날까지 이 손이 나을 수 있나요?"

"글쎄요. 해봅시다. 결혼식에 반지를 껴야 되는군요? 열심히 치료 받으세요."

"네. 알겠습니다."

주부습진은 초기에 보습제만 잘 활용해도 뚜렷한 호전을 보인다. 침 치료와 한방 외용약품인 자운고, 손에 액체 파라핀을 반복적으로 도포하는 치료를 하자 2주 뒤에는 손이 말끔해졌다. 위구르 아가씨는 결혼식 하루 전날이자 치료 마지막 날, 과자며 음료수를 잔뜩 사가지고 와서 나에게 선물을 하였다. 나 역시 결혼을 축하해 주었고, 앞으로의 행복한 결혼 생활을 빌었다. 그녀가 결혼하고 나서는 우리 병원에 오지 않았던 걸로 보아 남편이 정말 손에 물 안 묻히게 해주고 편하고 행복한 신혼살림을 하는 모양이다.

Episode. 2

아이의 이름은 크세니아이다. 아이는 아직 돌도 지나지 않았었다. 아이는 출생 시 좌측 귀 밑에 혹이 있어 즉시 제거수술을 받았다고 한다. 그 혹이 반드시 제거해야 할 필요가 있었는지는 알 수 없었다. 단지 부모는 의사가 권유했기 때문에 수술을 허락했다고 한다. 수술 후 아이는 좌측 얼굴에 안면마비가 왔다. 아이는 웃을 때도 울음을 터트릴 때도 부자연스러운 얼굴이 되었다. 엄마는 너무나 마음이 아파 여기저기 치료를 받았지만 뚜렷한 호전을 보이지 않아 답답한 상태였다. 마지막 지푸라기라도 잡는 심정으로 우리 병원에 오게 되어 열심히 치료를 받았다. 일주일에 3일씩 내원해서 침 치료와 물리치료를 받았다. 아이는 내가 나타나기만 해도 울었고, 우는 아이를 달래서 치료를 하는 나도 마음이 많이 아팠다. 빨리 나아서 환하게 웃었으면 하는 바람이었지만 호전은 더디게 오는 듯했다.

아이와 엄마가 한동안 병원에 오지 않다가 어느 날 불쑥 검사지로 보이는 종이뭉치를 들고 나를 찾아왔다. 검사지에는 얼굴 근육의 근전도 검사 결과가 적혀 있었는데 분명 과거보다는 얼굴 근육의 근전도가 호전된 것이 나타났다. 조금이라도 증상의 호전이 보여서 나는 안도의 한숨을 쉬었다. 그리고 아이 엄마에게 희망을 이야기하고 지속적인 치료를 권하였다. 아이는 계속 치료 받았고 금세 첫돌이 되었다.

우즈베키스탄에서 고려인들은 돌잔치를 굉장히 성대하게 치른다. 큰 식당을 빌려서 파티를 하고 전문 무용팀을 빌려 공연도 한다. 아이의 돌잔치에 초대 받았다. 성대하게 치러지는 크세니아의 돌잔치에 축언도 하게 되었다.

"난 크세니아의 주치의입니다. 제가 바라는 건 크세니아가 건강하게 잘 크는 것뿐입니다."

그 후로도 크세니아는 병원에 지속적으로 치료 받으러 왔다. 내가 우즈베키스탄을 떠날 때까지도 치료 받았었고, 앞으로도 얼마간은 계속 치료 받아야 할 것이다. 크세니아를 다 치료하지 못하고 한국에 돌아온 것이 마음에 걸린다. 언젠가 우즈베키스탄에 다시 돌아갔을 땐 다 나아서 환한 얼굴로 나에게 인사해줬으면 하는 바람이다. 그때는 나를 보고도 울지 않겠지?

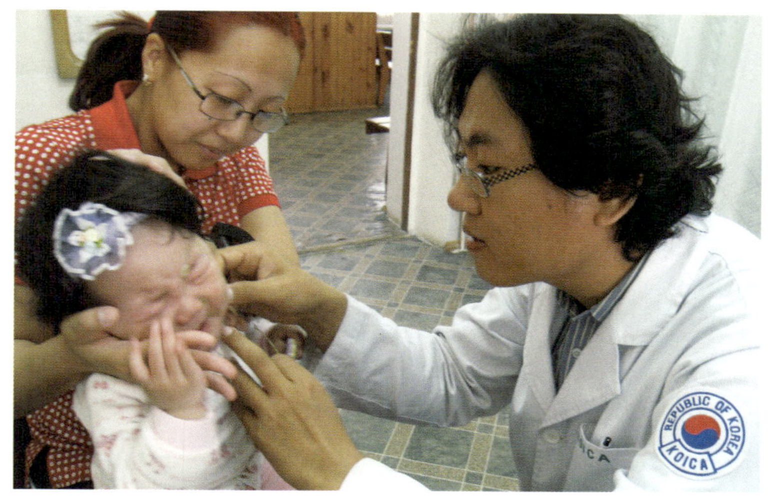

치료를 미처 다 끝내지 못하고 작별인사를 하고 온 크세니아, 지금은 다 나아서 신나게 뛰어 놀고 있겠지!

Episode. 3

언제나 같이 치료 받으러 오는 러시아인 할아버지와 할머니가 있었다. 할아버지는 지팡이를 짚고 다니셨고, 할머니는 립스틱을 짙게 바르셨다. 할아버지는 80세, 할머니는 70세였다. 10살 차이. 그러나 세월은 두 분을 거의 비슷하게 만들어버렸다. 언뜻 보면 할아버지가 젊어 보이는 것 같기도 하고, 할머니가 더 늙어 보이는 것 같기도 했다. 두 분은 언제나 사이좋게 병원에 와서 치료를 받고 가셨다. 두 분 다 요통을 주소증으로 치료 받았는데, 어느 날 할아버지가 치료실 복도에서 나를 불렀다.

"의사 양반. 질문이 있소."

"네. 말씀하세요. 근데 제가 러시아어를 조금밖에 못해요. 통역을 같이 불러서 이야기하시죠."

"아니야. 통역 필요 없어. 남자끼리의 이야기야."

"네?"

"내가 내 아내와 일주일에 3일을 부부관계를 맺는데, 관계를 맺을 때마다 심장이 터져버릴 것 같아. 이거 괜찮은 거야?"

주위에서 은근히 귀를 기울이던 간호사들은 이야기 도중에 킥킥거리며 자리를 피했다.

"할아버지. 그러시면 위험할 것 같아요. 일주일에 2회만 하시죠?"

"며칠 전에 내 친구가 차에서 관계를 맺다가 죽어버렸어. 그래서 나도 죽는 게 아닌가 걱정돼서 그래"

"적당하게 하시면 오히려 건강에 도움이 될 텐데요. 너무 무리하게 하시면 안 됩니다"

이야기는 할아버지의 엄청난 정력 자랑으로 이어졌다. 나이 80세의 지팡이를 짚고 다니시는 노인이 참으로 왕성하게 사신다는 부러움과 왠지 모를 민망함이 느껴졌지만 머릿속에 갑자기 떠오르는 생각이 있었다.

"할아버지. 허리 아프신 거 다 그거 때문인 거 같아요. 이제 몸을 위해서라도 좀 줄이시죠. 허리를 위해서요."

할아버지는 허리가 아프면 우리 병원에 오면 되지 않느냐며, 짓궂게 웃으시면서 할머니와 팔짱을 끼시고 자리를 뜨셨다. 두 분의 뒷모습은 한국영화 〈죽어도 좋아〉를 연상시켰다. 서로를 정열적으로 사랑하시는 할아버지와 할머니가 오래오래 행복하시리라 믿는다. 거기에다 허리만 조심하신다면 금상첨화겠다.

Episode. 4

우즈베키스탄 아주머니는 유방암이 의심됐다. 왼쪽 유방 피부에 궤양이 보였고 함몰된 부위와 크게 종괴가 잡히는 부위로 나뉘어졌다. 왼쪽 겨드랑이에도 종괴가 만져졌다. 유방에는 군데군데 상처가 있었고, 상처에서는 농이 나왔다. 하지만 아주머니가 병원에 가서 검사를 해보면 어느 병원에서는 암이라고 하고, 어느 병원에서는 암이 아니라고 했단다. 아주머니는 안절부절못하는 마음에 우리 병원을 찾았다.

우리라고 이런 심각한 질환에 뾰족한 수가 있는 것은 아니었다. 일단 좀 더 전문적인 병원에서 검사를 받아 보라고 권유했다. 그리고 증상에 맞추어 일단 치료를 시작했다. 치료를 받고 나서는 한결 증상이 편해졌다면서 딸도 같이 치료를 받으러 왔다. 아주머니의 딸은 7살로 출생 시 뇌출혈이 있었다고 한다. 우측 편마비가 있었지만 다행히 재활치료가 잘돼서 현재는 생활에 크게 불편함이 없지만 문제는 따로 있었다. 성장에 있어서 우측이 좌측에 비해 조금 더딘 문제가 있었던 것이다. 하지 길이도 불일치가 보였고, 우측 상지도 좌측에 비해서 발육이 덜 된 듯했다. 이런 발육 차이는 시간이 흐르면 흐를수록 더 심해질 모양이었다. 아주머니는 남편이 없었고 타슈켄트에 친척도 없는 듯했다. 자기 몸도 성하지 않은데 혼자서 아이 몸을 돌보느라 많이 힘들어 했다.

아주머니를 치료하던 중 반가운 소식이 들려왔다. 서울대학교 의료봉사팀이 우즈베키스탄에 온다는 것이었다. 특히 유방암을 수술할 수 있는 의료팀이 온다는 소식을 듣고 아주머니에게 전화를 걸었다. 한국에서 의료봉사팀이 오니 진료를 받으라는 권유에 돌아온 대답은 정말 의외였다. 우리 병원에서 치료를 받고 유방 통증이 호전되고 있으니 따로 진료를 받을 필요가 있느냐는 대답이었다. 나는 치료를 강력하게 권유했다. 설사 유방암이 아니더라도 확실하게 정리를 해놓고 치료를 해나가자, 라고 설득하여 아주머니를 의료봉사 현장으로 이끌려고 했다.

다행히 의료봉사팀에게 수술을 받기 전 상담을 하는 자리에 아주머니는 나오셨다. 아주머니는 자신이 유방암이 아니라고 믿고 있었고, 아주머니를 상담했던 의사는 직접 말하진 않았지만 유방암일 확률이 높다고 했다. 우리는 수술 전에 조직검사를 해보도록 권유했다. 그리고 조직검사 결과가 나오면 수술을 할지 말지 결정하자고 했다. 조직검사를 받겠다던 아주머니는 그 이후 병원에 오지 않았다. 전화를 해도 받지 않았다. 너무나 궁금해서 계속 연락을 취했지만 소식을 알 수 없었다.

아주머니는 왜 자취를 감추신 걸까? 왠지 안 좋은 쪽으로만 생각이 들었다. 유방암이라는 사실을 알고 자포자기 상태에 빠지신 건 아닌지. 결국 친척들이 있는 고향으로 내려간 것은 아닌지. 난 한국으로 귀국할 때까지 아주머니를 만나지 못했다. 지금 마음으로는 그 아주머니가 유방암도 아닌데 괜히 겁주었다고 우리를 불신하고 우리와 만나고 싶어하지 않았길 바란다. 그리고 건강하게 딸과 행복하게 지냈으면 한다. 환자를 보면서 내가 틀렸길 바란 건 그때가 처음이었다.

5

우즈베키스탄에서 도선생(盜先生)을 만나다

할머니와 대화를 나눈 후 배신감과 분노가 지배하던 마음이 조금씩 편안해졌다. 어딜 가나 다 있는 도둑들. 그리고 어딜 가나 다 있는 가슴이 따뜻한 사람들. 내가 집중해야 할 사람은 도둑이 아니라 바로 이 사람들일 것이다.

이 일은 즐겁기만 했던 우즈베키스탄 생활에 찬물 아니 얼음물을 끼얹는 일이었다.

2009년 6월 1일이었다. 오전 진료를 마치고 밥을 먹고 우즈베키스탄 의사들을 대상으로 강의를 했다. 강의가 끝나고 바로 퇴근하여 인터넷을 개통하러 갔다. 인터넷 개통을 준비하며 돈을 많이 준비했었는데, 인터넷 회사 앞에서 다 와서야 가방 안에 넣어둔 돈과 지갑이 없어진 걸 알았다.

▶ 내가 강의하는 중에 도난 사고가 발생했다면 도둑은 필히 나의 뒤통수를 보고 지나갔을 것이다.

크게 당황하여 다시 병원으로 돌아갔다. 병원에 남아 있는 수위 아저씨와 청소 담당 아가씨를 붙잡고 도난사실을 이야기했다. 수위 아저씨는 내가 강의하는 중에 우즈베키스탄 사람이 복도에 있었다고 말했다. 하지만 나는 문을 열어놓은 채 강의했는데 수상한 사람을 보지 못했었다. 나중에 강의실에서 밖이 보이는 자리에 앉아 있던 의사들에게 물어보았지만 그들도 수상한 사람을 본 적이 없다고 했다. 누구의 기억이 정확한지는 지금도 모른다. 어찌됐든 범인은 내가 치료실에서 진료하는 동안 혹은 내가 강의하는 중에 대담하게 내 방에 들어가 가방을 열고 지갑과 돈을 훔친 것이다.

일초의 망설임도 없이 경찰서로 향했다. 그런데 경찰서로 가려고 하자 우즈베키스탄 사람들이 많이들 말렸다. 가봐야 고생만 하지 돈을 찾을 수 없을 거라고 귀띔해줬다. 경찰은 5시부터 교대근무인데도 4시 30분에 온 나를 계속 기다리게 했다. 5시 30분이 되서야 배가 남산만한 경찰이 와서 이것저것 물어보긴 했지만 외국인인 나와 말이 안 통하니 결국 KOICA 사무소 통역의 도움으로 조서를 쓰고 가방에서 지문채취도 했다. 지문을 채취하는 경찰이 얼마나 어리숙한지 보면서 웃음을 참느라 혼났다. 스카치테이프로 지문을 뜨다가 바닥에 깔린 신문지에 붙어버려 허둥대는 모습이 우즈베키스탄 CSI(Crime Scene Investigation)의 수준을 단적으로 보여줬다.

현장사진을 찍어야 한단다. 그래서 나는 병원으로 다시 가는 줄 알았더니, 돈이 잃어버린 것을 알게 된 인터넷 회사 앞으로 가는 것이었다. 그야 말로 비가 억수같이 오는데(우즈베키스탄에 비가 잘 안 오는데 이 날은 한국의 장마처럼 비가 왔다) 가방을 손으로 가리키면서 서있는 황당한 포즈를 취하게 하고 사진을 찍는 것이다.

현장사진을 찍고 또 어디론가 차를 돌리는 순간 사건을 조사하기 위해 병원으로 가는 줄 알았었다. 그러나 경찰은 인터넷 회사의 관할 경찰서로 가서 도난 사건이 "그곳에서 있었으니 당신네가 수사해라" 하면서 나를 떠넘기는 것이 아닌가! 그곳 경찰서 서장은 "무슨 소리

냐? 돈이 도둑맞은 장소는 당신들 관할이다! 당신들이 알아서 해!"라면서 호통을 쳤다. 피해자가 외국인이라 서로 떠넘기는 모습이 역력했다. 거기서 어찌어찌 마무리가 되고 수사를 시작했다고 하는데 이 사람들 수사를 하는 건지 나한테 진찰을 받으러 오는 건지 모르게 전혀 수사엔 관심이 없어 보였다. 병원에 와서는 수사는 안 하고 '금연침 놓아 달라, 허리가 아프다' 하면서 진료만 받고 가기 일쑤였다.

없어진 돈의 액수도 적지 않았지만 무엇보다 정신적 충격이 더 컸다. '내가 우즈베키스탄에서 돈을 버는 사업가도 아니고 봉사하러 온 사람인데 훔쳐갈 게 없어서 봉사하는 사람 생활비를 훔쳐가다니!' 배신감과 분노로 도저히 일이 손에 안 잡혀 한동안 휴가를 얻어서 쉬려고도 했다. 하지만 병원에는 한의사가 나 혼자뿐이었고 게다가 난 원장이었다. 나는 좋든 싫든 진료를 해야 했고, 한의학 교육을 담당해야 했다. 내가 그때 무너졌다면 일순간 나 자신이야 편했겠지만 새벽부터 와서 나를 기다리는 많은 환자들은 물론 한국의 한의학을 배워 나가는 우즈베키스탄 의과대학 학생들과 의사들의 실망은 이만저만이 아니었을 것이다.

경찰서에 신고한 것만으로는 화가 안 풀려 혹시나 하는 마음에 병원 알림판에 도난 사건에 대한 단서를 알려 달라는 글을 붙여놨다. 사건 이후 일주일정도는 많이 침울하였다. 6월 9일에 맞춰 시행하려고 했던 병원 체육대회도 취소하고 도둑 잡을 생각만 하고 있었다

그러던 어느 날, 리 빠벨 안드레이비치가 같이 술 한잔하자고 해서 보드카를 연거푸 마시며 불평을 늘어놓고 있는 중이었다. 빠벨은 이제 그만 잊어버리고 정신 차리라는 의도에서 러시아 속담을 알려주었다. 그 속담이 아직도 기억에 생생하다.

“물고기는 머리부터 썩는다(Рыба гниет с головы).”

한 · 우친선한방병원 원장인 내가 이런 사소한 일은 빨리 훌훌 털어버리고 병원 발전을 이루어내야 한다는 각오를 다지게 만든 말이다. 또한 며칠 후 한 우즈베크 할머니가 내 방으로 찾아왔다. 난 드디어 도둑을 잡을 수 있는 제보를 얻을 수 있으리라 내심 기대했다. 그러나 할머니는 이렇게 말씀하셨다.

“지갑을 도둑맞아서 참 유감입니다. 사람들이 가난해서 그래요. 너무 상심하지 마세요. 우리 환자들이 돈을 모아볼게요. 조금씩이라도 모아서 잃어버리신 것만큼 돈을 만들어 드릴게요.”

할머니와 대화를 나눈 후 배신감과 분노가 지배하던 마음이 조금씩 편안해졌다. 어딜 가나 다 있는 도둑들. 그리고 어딜 가나 다 있는 가슴이 따뜻한 사람들. 내가 집중해야 할 사람은 도둑이 아니라 바로 이 사람들일 것이다.

도선생이 다녀가고 10일 정도 시간이 흐른 후, 회의시간에 나는 병원 직원들 앞에서 말했다.

“도둑이 여자면 화장품, 옷 사는 데 돈 쓰지 말고 영어책을 사서 공부했으면 좋겠고, 도둑이 남자면 마약, 매춘하지 말고 맛있는 음식이나 배불리 먹었으면 좋겠다.”

이렇게 말했다고 진심으로 원수를 사랑하게 된 건 아니다. 그럭저럭 미운 놈 떡 하나 더 줄뿐이지.

6
병원의 위기

한・우친선한방병원은 영리를 추구하는 병원이 아닌 명예를 버는 병원으로서 그 존재감을 키워나가다 보면 우즈베키스탄에 꼭 있어야 할 병원으로 자리매김할 수 있을 것이고 정부 차원에서 진행되는 국제협력사업이 종결되더라도 민간 차원에서 이어나갈 수 있는 가능성이 높아질 것이라고 생각한 것이다.

한 · 우친선한방병원은 2번의 위기를 겪었다. 아니 정확히 말하면 위기를 계속 겪고 있는 중이다.

첫 번째 위기는 정부파견의사(이하 '정파의') 제도가 폐지되면서 겪게 되었다. 정파의 제도는 1968년부터 시행되어 2008년까지 지속되었는데 한국의 임상경험이 풍부한 한의사, 의사, 치과의사를 의료 상황이 좋지 못한 개발도상국에 파견하여 의료 분야에서의 국제협력을 증진시키는 제도였다고 볼 수 있다. 40년 동안 지속된 제도인데 28개국에서 72명의 정부파견의사가 일했었다는 통계수치가 의미하는 바는 바로 파견된 사람들이 대부분 오랫동안 근무했었다는 것이다. 즉 나와 같이 군복무를 대체해서 3년 정도 근무하는 국제협력의사와 달리 2년씩 근무기간을 연장하면서 지속적으로 일을 할 수 있는 특성이 있었던 것이다.

한 · 우친선한방병원에 정파의로 파견된 한의사들은 풍부한 임상경험과 한국에서의 성공적인 병원 운영 경험을 바탕으로 병원의 책임자로서 활동해 왔다. 그러던 중 정파의 제도가 폐지되었고 병원 운영을 국제협력의사가 맡아서 하게 되었다. 이것이 바로 첫 번째 위기였다.

좌로부터 15기 국제협력한의사 안건상, 나, 15기 국제협력한의사 이길준.

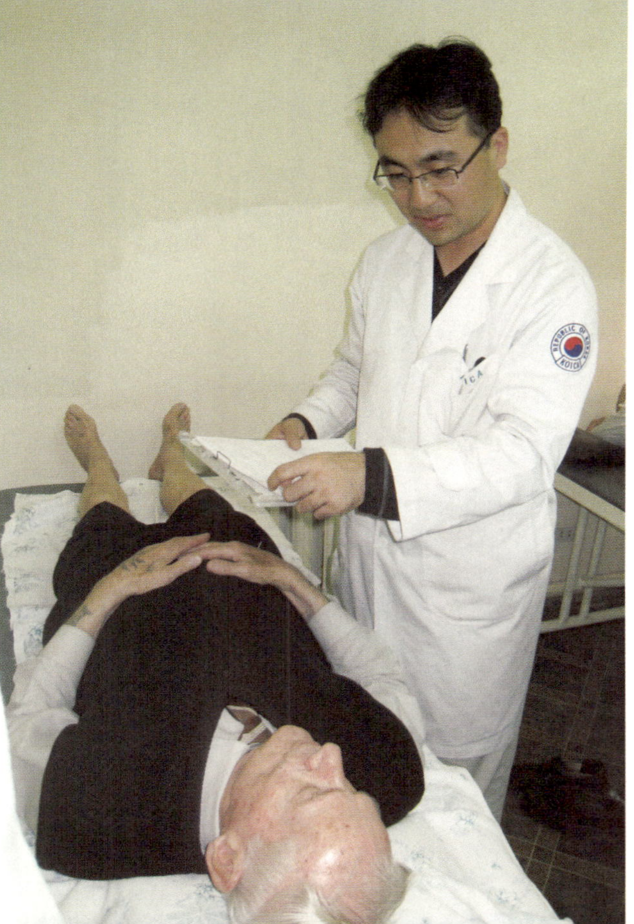

14기 국제협력한의사 박형진.

책임자가 된 당사자에겐 좋은 경험일 수도 있겠지만 현지 직원 12명을 진두지휘하면서 함께 일하는 것은 병원 경영의 초보자에겐 무리일 수도 있는 일이었던 것이다. 자칫 잘못하면 현지 직원들끼리 담합하여 직원들 마음대로 병원이 좌지우지되는 우스꽝스런 상황이 벌어질 수도 있기 때문이다. 한국에서의 병원 운영경험이 없는 나는 한·우친선한방병원의 책임자가 되었을 때 매일매일 노심초사하며 지냈었는데 지금 생각해도 머릿속에 흥건히 땀이 고이는 듯하다. 어떻게 지나갔는지 모르게 1년 동안 한·우친선한방병원 원장으로서 활동했고, 다행히 그사이 큰 문제는 발생하지 않아 위기를 잘 넘긴 것으로 스스로 평가하고 싶다.

두 번째 위기는 바로 인력부족이다. 한·우친선한방병원의 하루 내원 환자 수는 80~100여 명 정도이다. 그리고 주 3회 우즈베키스탄 의과대학 학생들과 의사들에게 강의를 해야 한다. 또한 일주일에 2회 아리랑요양원으로 순회 진료를 떠나야 한다. 이 뿐만 아니라 각종 봉사활동과 교육활동이 진행되는데 문제는 이런 일들을 주도적으로 해나갈 국제협력의사의 수가 부족하다는 점이다. 의료 부분의 국제협력사업은 단기간에 프로젝트처럼 진행되는 것이 아니라 10년, 20년 후의 미래를 내다보고 진행될 때 효과가 두드러진다는 전제하에서, 한·우친선한방병원의 미래와 우즈베키스탄에서의 한국한의학 발전을 위해서는 보다 많은 국제협력의사가 배치되었으면 하는 것이 내 바람이었다.

이런 위기 상황을 돌파하기 위해서 병원 책임자였던 내가 선택한 것은 결국 병원의 존재감 키우기였다. 한·우친선한방병원은 영리를 추구하는 병원이 아닌 명예를 버는 병원으로서 그 존재감을 키워나가다 보면 우즈베키스탄에 꼭 있어야 할 병원으로 자리매김할 수 있을 것이고 정부 차원에서 진행되는 국제협력사업이 종결되더라도 민간 차원에서 이어나갈 수 있는 가능성이 높아질 것이라고 생각한 것이다. 생각이 이에 미치자 환자를 앉아서 기다릴 게 아니라 오히려 환자를 찾아 나서야겠다는 결심을 하게 되어 일을 벌이기 시작했다. 벌려놓은 일들은 눈덩이처럼 불어갔다. 우즈베키스탄을 떠나는 날까지 밤을 새워가며 일하고 피곤에 지쳐 그 일들을 수습하면서 이래저래 후회도 많이 했지만, 지금 한국에서 이렇게 글을 쓰면서 생각해보니 그때 느꼈던 피로와 후회마저도 다시 느껴보고 싶을 정도로 값진 경험이었음을 깨닫는다.

2006~2008년 우즈베키스탄 정부파견한의사 김광락 원장,타슈켄트 의과대학 학생들을 대상으로 강의하는 모습.

7

나는 고양이로서이다!

그러던 어느 날 점심시간에 잠이 덜 깨서 부스스하게 환자를 보러가는 자신을 보니, 내가 딱 그 고양이 같다는 생각이 든 것이다. '남의 흉이 한 가지면 제 흉이 열 가지'라고 남 욕할게 아니라 나 자신부터 반성하고 고쳐나가야 한다는 작은 깨달음을 얻는 순간이었다.

한 · 우친선한방병원은 한 곳에서 12년 동안 꾸준히 무료 한방진료를 펼치고 있어 우즈베키스탄에서는 명성과 신뢰가 매우 높다. 한국에서 온 한의사들에게 진료 받고자 하는 사람들은 1년 정도 예약 기간을 통해야 차례가 돌아올 정도로 환자가 너무 많아서 다 감당할 수 없는 상태다. 예약을 받는 날은 병원 전 직원이 예약에만 매달리는데 새벽부터 병원 밖에 가득 모인 사람들로 인해 출근하기도 어려울 정도였다. 2009년 여름에 접수한 환자는 약 2500여 명으로 2010년 여름이 되어서야 진료를 다 끝낼 수 있다.

나는 병원의 이런 환자 포화 상태에 만족해 현상유지에 안주한 적도 있었다. 2008년 가을, 나는 끊이지 않는 환자에 서서히 질려가고 있었고 나태해져만 갔다.

그런데 집에 출몰하는 쥐를 잡으려고 빌려온 고양이로 쥐 사냥을 하면서 작은 사건을 하나 겼었다. 빌려온 고양이가 쥐 잡을 생각은 안 하고 게으름만 피우기에 영락없이 우즈베키스탄 사람들 같다고 생각했다. 그러던 어느 날 점심시간에 잠이 덜 깨서 부스스하게 환자를 보러가는 자신을 보니, 내가 딱 그 고양이 같다는 생각이 든 것이다. '남의 흉이 한 가지면 제 흉이 열 가지'라고 남 욕할게 아니라 나 자신부터 반성하고 고쳐나가야 한다는 작은 깨달음을 얻는 순간이었다. 그 후로 나는 게으른 고양이가 되지 않으려고 여러 가지 일을 억지로(?) 벌이기 시작했다. 게다가 2009년 4월부터 7월까지는 3명이 일했던 병원에 혼자 남게 되어 하루 종일 의자에 앉아본 적도 없이 일하곤 했다.

병원 업무 전체를 담당하다 보니 직원들 월급부터 화장실 휴지 관리까지도 모두 내 소관이었다. 피곤했지만 그래도 그때가 가장 재미있고 행복한 시간이었다. 결국 봉사활동에 제일 중요한건 풍부한 지원과 많은 인력이 아니라 봉사자의 의욕과 자발성이라는 근본적인 명제를 몸소 체험해볼 수 있었다.

여기에 2008년 가을의 쥐 사냥 사건을 소재로 쓴 수기를 덧붙인다. 이 수기로 2009년 KOICA 수기 공모전에서 우수상을 수상하였다.

나는 고양이로서이다.[2)]

얼마 전, 비 내리는 밤에 집에서 쥐를 보았다. 쥐를 본 곳은 화장실이었는데, 아차 하는 생각이 들어 부엌에 가보니 역시나 중추절 격려품이 이미 쥐의 만찬이 된 지 오래였다. 특히 쥐가 포장 김을 다 뜯어 잡수신 걸 보니 바다 없는 우즈베키스탄에서 사는 쥐라서 바다가 그리운 나머지 김에 전력투구하신 모양이다. 귀신을 본 것도 아닌데 쥐 한 마리에 밤잠을 설치고 신경과민 증상을 보였다. 집안 구석구석을 손전등 옆에 차고 말 그대로 쥐 잡듯이 뒤지고 작은 소리에도 놀라 한동안 어둠 속을 응시하는가 하면 문을 열 때 쥐가 무서워 발로 한번 차

2) 일본의 소설가 나쓰메 소세키의 장편소설의 제목을 빌려 왔다.

담장 위의 고양이. 장소는 우즈베키스탄 타슈켄트시 도스토옙스키거리 21번지다. 나에게 자극을 준 그 고양이는 아니지만 이 고양이 역시 휴식을 취하는 곳이 예사롭지 않다.

고 문을 여는 지경에까지 이르렀다. 차라리 귀신은 중추절 격려품은 건드리지 않았을 텐데….

쥐를 가만히 둘 수는 없었다. 쥐는 내 일용할 양식을 훔쳐 먹었는가 하면 문지방을 갉아대고 있어 집이 조금씩 망가지는 셈이었다. 괘씸한 쥐에 맞서기 위해서 내가 생각한 것은 쥐를 잡을 쥐덫, 쥐약 등이 아니라 고양이였다. 쥐덫이나 쥐약으로 쥐를 잡으면 후 처리는 내 몫인데 쥐의 장례식까지 치르기에는 내가 너무 쥐를 무서워했다. 빠르고 깔끔한 사태 해결을 위해 고양이에게 도움을 청했다. 이 고양이의 이름은 '킬러'다. 이 고양이는 전에도 나의 근무지에서 큰 활약을 했었다. 우즈베키스탄의 한 · 우친선한방병원이 건물이 노후화되면서 벽에 틈이 생겼고 이 틈을 이용해 외부에서 쥐 가족이 이사를 온 적이 있다. 이 가족은 병원 창고에 넣어둔 한약재를 뜯어 먹었는데 특이하게도 '신곡', '사삼', '산조인', '맥아'만을 집중적으로 훔쳐 먹었다. 한의학에 조예가 깊은 쥐의원이 생쥐조아탕(生쥐爪牙湯)[3]이라도 만든 모양이다. 이렇게 한약까지 복용한 약삭빠른 쥐 가족을 일망타진한 주인공이 바로 '킬러'였다. 장례식은 모두 '킬러'의 뱃속에서 이루어져서 장례에 따른 복잡한 절차도 없었다. 얼마나 깔끔한 살쥐청부업자인지!

'킬러'를 빌려오는데 이 녀석에게 먹이와 물 뿐만 아니라 우유도 주라는 부탁을 받았다. 나도 비싸서 잘 못 먹는 우유를 주라고요? 먹이도 많이 주면 쥐를 잡지 않는단다. 약간 부족하게! 고양이가 간식을 먹고 싶은 시장함을 느낄 정도로. 나조차도 우즈베키스탄에 온 이후로 하루에 3끼를 먹어본 적이 없는데 고양이 밥은 꼬박꼬박 챙겨줘야 할

---

3) 1. 한자 그대로 번역해보면 쥐의 손톱과 어금니를 키우는 약이다.
2. '생쥐 좋아'라는 의미이기도 하다.

형편이 돼버렸다.

기대 반 우려 반으로 고양이를 품에 안고 집에 돌아와 풀어 놓았을 때, 고양이 눈이 아닌 호랑이의 눈을 하고 온몸에 털을 일으키고 사나운 소리를 지르며 날카로운 발톱을 세우며 쥐의 출몰 지역으로 가는가 했더니, '킬러'는 느릿느릿 방열기로 걸어가 털썩 주저앉더니 야트막한 목소리로 '야옹' 외마디 말을 던지고 눈꺼풀을 내리며 잠을 잘 준비를 하는 것이 아닌가?

'킬러'가 한동안 평화로운 1일 3식 배급생활에 익숙해져서 이런가? 아니면 발정기를 겪는 이 녀석을 온순하게 만들기 위해 먹였다는 성욕억제제 때문인가? 놈의 잠재된 본능을 깨우는데 약간의 시간이 필요하리라는 계산을 하고 밥을 주지 않고 외출을 했다.

집으로 돌아가는 길. 집안에 쥐들의 선혈이 낭자하고 '킬러'가 쥐의 머리나 꼬리는 입맛에 맞지 않아 남겨두었을 잔혹한 상황을 상상하며 쥐의 출몰 지역인 부엌문을 열었을 때, 우리 '킬러'는 정말 늘어지게 계속 자고 있었다. 내가 들어가자 밥 달라는 건지 심심하다는 건지 아니면 나를 암컷 고양이로 생각했는지 내 다리에 머리만 비벼댔다. 이런 일이 5일 동안 계속되었다. 고양이는 계속 무기력했다. 밥 먹고 졸고, 날 보면 머리 비비고, 쥐를 잡을 수 있는 고양이가 아니라 쥐가 지나가도 모르게 잠만 자는 게으름뱅이 토토로[4]를 집안에 둔 꼴이 돼버린 것이다. 국제협력이 아니라 인수(人獸)협력이 안 되는 이러한 상황에서 갑자기 이 녀석이 우즈베키스탄 사람처럼 여겨졌다.

큰 꿈을 이루어 보겠다고 국제협력의사에 지원해서 우즈베키스탄

---

4) 일본의 미야자키 하야오 감독이 만든 애니메이션 캐릭터

에 온 지 1년 반. 해놓은 건 아무것도 없고 할 건 언제나 제대로 못하고 해야 할 일은 끝이 안 보이게 쌓여있는 지금까지 내가 만난 우즈베키스탄 사람들의 많은 수가 저 고양이 같다는 생각이 들었다. 같이 협력해서 빨리빨리 일을 해나갈 생각은 안 하고 게으름을 피우다 조금이라도 자기 이익을 보려고 딴죽을 걸거나 털끝만큼도 손해를 안 보려고 거짓말을 일삼는 우즈베키스탄 사람들 틈에서 질릴 대로 질려 있었던 것이다.

나는 고양이에게 화를 내기 시작했다. 한국어로 타박하다가 이놈이 우즈베키스탄 고양이라는 생각이 들어 우즈베키스탄어로 혹은 러시아어로 나무라다 제 풀에 지쳐 포기하고 "아무 짝에도 쓸모없는 놈!"이라는 타박 한번 해주고 하루에 2끼만 주기로 마음먹었다.

당직을 서는 어느 날, 고양이 아침은 챙겨주고서 정작 내 아침은 못 챙겨 먹은 나는 점심시간에 나도 모르게 폭식을 하고 졸기 시작했다. 내 진찰실 방열기에 가까이 앉아 햇빛에 눈 부셔 하면서 꾸벅꾸벅 졸고 있는데, 환자 왔다는 간호사의 부름에 부스스 일어나 느릿느릿 치료실로 가다가 복도에 걸린 거울에 반사된 나의 모습을 보았다. 그런데 그건 영락없이 게으름뱅이 '킬러'가 가운 입고 걸어 다니는 모습 같았다. 거울 속의 나는 소리 질렀다 "이런! 네가 고양이였구나! 네가 게으른 고양이가 되어버렸구나!"

KOICA의 일원으로 여러 가지 과분한 특혜를 받아가며 살다보니 내 자신이 타성에 젖어버린 것일까? 나눔과 섬김이 내가 실천해야 할 기본 목표인데도 나누고 섬기기는커녕 더 가지려 하고 대우 받고싶어 하며 하루하루 내 배나 채우고 살고 있었던 것이다. 환자가 많으면 힘들다고 불평하고 생활비가 적다고 불평하고 우즈베키스탄이 추우면

추워서 불평하고…. 언제나 내가 주인이고 내가 협력의 주관자니 내 마음대로 일을 해야 하고 조금이라도 딴죽을 거는 우즈베키스탄 사람들은 모두 잘못된 것이라는 망상에 사로잡혀서 독단적으로 일처리를 하는 단계를 지나서 시간만 때우고 간다는 식의 '자포자기 태만주의'로 나도 모르게 변모해 왔다는 뼈아픈 자각이 그때 있었다. 결국 나는 우즈베키스탄 사람들한테 질릴 게 아니라 나 자신에게 질려버려야 했던 것이다. 그리고 '나도 별 수 없구나'란 자괴감이 곧 바로 엄습해 왔다. 동시에 정신 바짝 차리고 다시 잘해보겠다는 의욕도 샘솟았다. 그래 다시 시작이다!

누구나 이런 과정을 겪을 것이라고 생각한다. 인간이란 반복된 일 속에서 지루함을 느끼고 나태함에 빠지기 마련이다. 매일 아침 가슴 뛰는 흥분으로 일하고 있는 사람이 몇이나 될까? 이런 나태함 속에서 다시금 어떤 자극을 통해 자신을 재충전하고 새로운 각오로 재시작하게 되는 일련의 과정은 일상다반사가 아니던가? 봉사활동도 시작하기 전에는 큰 포부와 열정을 불러일으키지만 중반에 접어들면 그 열정과 포부는 식어있기 마련이다. 그렇게 식어버린 포부와 열정을 짊어지고 게슴츠레하게 살아가는 나의 정신을 할퀴어 번쩍 정신이 들게 한 것이 바로 고양이라니. 이 녀석이 쥐를 잡으랬더니 나를 잡았다.

그 다음날 저녁 고양이 밥 주러 집에 잠시 들러 부엌문을 열었을 때 고양이는 살아있는 쥐 한 마리를 놓아줬다가 잡고 놓아줬다가 잡고 하며 놀고 있었다. 살며시 문을 닫고 '킬러'의 청부업이 다 끝나기를 기다린 후 들어가 이놈을 물끄러미 보니 그사이 본성을 찾았는지 눈도 날카로워지고 행동도 빠릿빠릿한 게 게을러 보이지도 않고 고양이로서의 매력이 넘친다. 나도 이제 거울을 보면 달라 보일까?

위기 탈출

오아시스에서 잠을 깨다

5

1

발레와 오페라

이곳을 택한 이유는 단지 내가 자주 이 극장에서 공연을 관람한 이유도 있지만, 한방진료 지원을 통해 우즈베키스탄 공연 예술계를 후방 지원함으로써 그들에게 한국의 한의학을 알리고 나아가 대한민국의 이미지를 크게 고양하고 싶었기 때문이다.

앞에서 말한 대로 나는 일을 벌이기 시작했다. 그것은 바로 가만히 앉아서 밀려오는 환자를 기다리는 것이 아니라 오히려 환자를 찾아 나서는 것이었다. 좀 무모하지만 우즈베키스탄의 여러 기관, 단체에 불쑥 찾아가 한방진료 지원을 해주겠다고 약속했던 것이다. 우즈베키스탄의 대표적인 국립예술극장인 나보이극장은 이 제안을 흔쾌히 받아들였다.

나보이극장은 우즈베키스탄의 명물로 불리는 대표적 예술극장으로 1947년에 완공되었는데, 당시 제2차세계대전의 일본군 전쟁포로들에 의해서 만들어졌다고 한다. 그래서인지는 확실히 알 수 없지만 1966년 4월 26일에 발생된 대지진에도 끄떡없었으며, 일본인들에게는 큰 자랑거리라서 일본 여행객의 필수 방문지라는 후문이다. 웅장하고 화려한 극장의 외관과 함께 수준 높은 공연이 펼쳐지고, 게다가 극장 프로그램은 매일 다른 공연이 짜여있고, 뜻밖에도 가격이 너무 저렴하기 때문에 우즈베키스탄에 방문한 사람이라면 꼭 한번 나보이극장을 보고 가야 한다.

이 극장은 우리나라로 치면 세종문화회관이나 예술의 전당과 같은

우즈베키스탄에 가면
꼭 관람해야 할 나보이
극장의 대표적인 공연
〈사보〉의 한 장면.

곳으로, 현재 이곳에는 발레리나, 발레리노, 오페라 배우, 연주가, 무대설치가 등 600여 명의 공연 예술가들이 일하고 있다.

이곳을 택한 이유는 단지 내가 자주 이 극장에서 공연을 관람한 이유도 있지만, 한방진료 지원을 통해 우즈베키스탄 공연 예술계를 후방 지원함으로써 그들에게 한국의 한의학을 알리고 나아가 대한민국의 이미지를 크게 고양하고 싶었기 때문이다. 나의 예상대로 나보이극장 측의 많은 배우들과 연주가들은 근골격계의 만성통증에 시달리는 경우가 많았다. 게다가 경제적인 문제로 인해서 병원을 찾지 못하는 경우가 많았다. 이런 상황이다 보니 나의 제안은 극장 측에도 뜻밖의 유용한 제의였을 것이다.

상호간에 협력조약을 문서화하고 승인하는 날 나보이극장 측은 병원홍보를 위해서 최선의 노력을 해주겠다고 했다. 극장 측에서 발행하는 팸플릿에 병원 로고를 넣어주겠다는 약속을 해주었을 때 당황스러웠다. 왜냐하면, 그 당시에 병원 로고가 없었기 때문이기도 했지만 많은 금전적인 후원을 해야 광고를 해주는 것이 일반적인 상황이었기 때문에 금전적인 후원을 부탁할까 봐 부담스러웠던 것이다. 그러나 나보이극장 측에서 금전적인 후원은 전혀 필요 없다고 했다. 나에게 부탁하는 것은 한·우친선한방병원의 한의학 진료를 통해서 극장의 배우들과 음악인들이 훌륭한 연기와 연주를 할 수 있게 도와 달라는 것뿐이었다. 협력체결 후 무대 위에서만 볼 수 있었던 발레의 공주님들과 왕자님들은 물론이고 열심히 지휘봉을 휘두르는 지휘자와 배우들을 분장시키는 메이크업 담당자까지 병원에 다녀갔다.

어느새 나는 나보이극장에 가면 모두가 알아보는 'корейский доктор(한국인 한의사)'가 되어 있었다. 우리 병원에서 진료 받았던 발

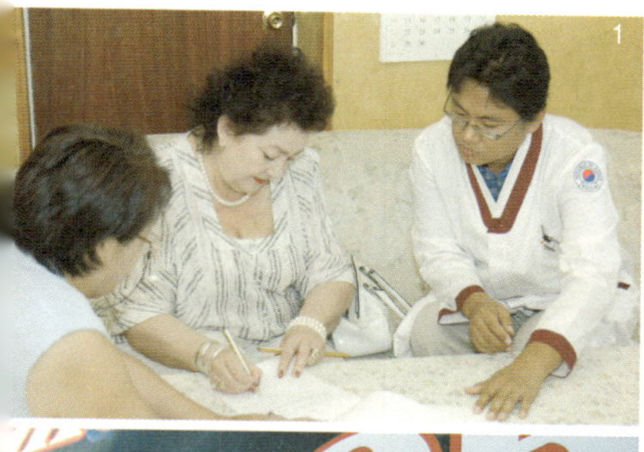

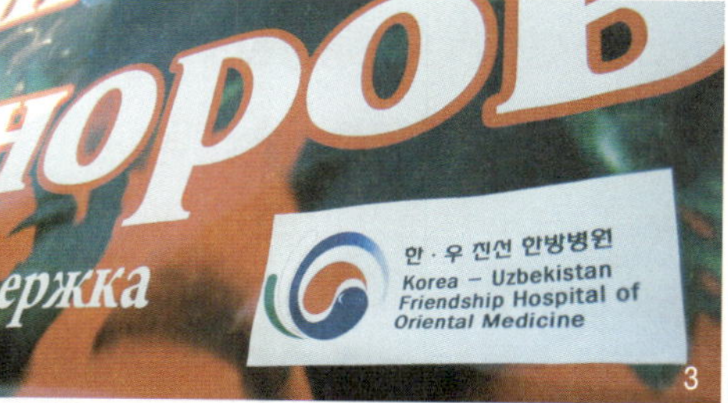

1. 협약을 맺고 있는 국립 나보이극장 부관장 라히모브나 여사.
2. 국립 나보이극장의 공연 홍보 팸플릿, 후원기관으로서 당당히 자리를 차지하고 있는 한 · 우친선한방병원.
3. 4. 나보이극장에 걸렸던 공연 광고용 대형 현수막 (오른쪽 구석에 '사회적 지지를 보내는 한 · 우친선한방병원'이라고 표기되어 있다).

레리나가 무대 위에서 성공적인 공연을 펼치는 모습을 관람하면서 너무 뿌듯해 "꺄악~!"하고 함성을 지를 뻔한 적도 있었다.

일전에 나보이극장에 큰 공연 광고 현수막이 걸렸는데 아래에 다음과 같은 문구가 적혀있었다.

'социальная подержка (나보이 극장에 사회적 지지를 보내는 한 · 우 친선한방병원)' 그 광고 문구는 우즈베키스탄 국민뿐 아니라 전 세계에서 공연을 관람하러 오는 외국인 관광객들이 보고 간다. 광고를 보는 모든 사람들에게 대한민국의 이미지가 문화 예술을 사랑하는 나라로 비춰지길 기대한다.

2

으랏차차 태권도

격렬한 운동인 태권도는 경기 후에 스포츠 손상이 남는 경우가 많고 그 손상을 속히 치료해주지 않으면 만성화되어 운동을 지속하는데 무리가 따를 수 있다. 대한민국의 국기인 태권도를 배우는 선수들에게 조금이라도 도움이 될까 해서 스포츠 손상에 우수한 효과를 자랑하는 한의학을 선물하고 싶었다.

우즈베키스탄에서 태권도의 인기는 점점 높아만 간다. 10년 전 5000명도 안 되던 태권도 인구가 지금은 2만 명에 달하고 150여 개의 팀이 활동하고 있을 정도라고 하니 그 인기를 짐작할 수 있다. 그 인기의 비결을 물었더니 바로 대한민국의 국가 이미지란다.

구 소련시절과 10년 전까지만 해도 북한 태권도가 대부분이었는데, 지금은 남한의 태권도가 주류인 것이다. 우즈베키스탄 내에서 대한민국의 국가 이미지가 꾸준히 좋아지면서 대한민국의 대표적 운동인 태권도도 덩달아 인기몰이 중인 것이다. 우즈베키스탄 이슬람 카리모프 대통령도 명예 9단일 정도로 국가적 차원에서의 협조도 있다고 한다. 우즈베키스탄 사람들이 태권도를 좋아하는 이유는 태권도가 박진감 넘치는 격투기라는 점인데, 특히 화려한 발차기에 많은 청소년들이 매료된다고 한다.

우즈베키스탄에서 태권도 교육을 담당했던 KOICA 박도현 봉사단원의 도움으로 우즈베키스탄 태권도 챔피언전을 관람할 수 있었다. 국가대표를 뽑는 대회라서 그런지 대회장 분위기는 뜨겁게 달아올랐다. 응원 문화에 익숙하지 않아 보이는 우즈베키스탄 관중들도 결승

우즈베키스탄 태권도 챔피언전.

전이 다가올수록 점점 홍분의 도가니로 빠져들며 환호성과 탄식 그리고 박수가 어우러져 응원다운 응원을 보여줬다.

관람을 하면서 두 번 깜짝 놀랐다. 첫 번째는 심판들이 태권도 경기 용어를 한국어로 사용하고 있어서였다. 심판이 한국어로 '차렷', '경례', '그만'이라고 외치면 우즈베키스탄 태권도 선수들은 구령에 맞추어 경기 규율을 지켜가는 모습이 신기하기만 했다. 이와 더불어 올림픽에서 사용되는 언어가 한국어를 포함하여 영어, 불어, 일본어 4개뿐이라는 걸 알게 되었다. 대한민국 국기인 태권도는 올림픽뿐만 아니라 우즈베키스탄에서도 단순한 운동을 넘어서서 진정한 한류(韓流)의 대표 역할을 톡톡히 하고 있는 것이다.

두 번째로 놀란 이유는 대부분의 선수 도복이 분명 한국에서 온 중

고품이었기 때문이다. 단순히 중고품이어서 놀란 것이 아니라 등판에 적혀진 한글에 놀란 것이다. 대학 이름이 들어간 도복이 대부분이었는데 경희대, 용인대, KOREA, 주공태권도교실 등 다양한 도복들이 눈길을 끌었다. 그중에서 나를 박장대소하게 만든 도복은 '어머니 체육교실' 도복이었다. 좀 웃기기도 했지만 정말 한국에서 어머니들이 태권도를 입고 대련한다고 생각하니 웃음이 터져 나왔다. 상상을 해보니 아주머니들 특유의 찢어지는 함성소리가 귀에 들리는 듯하다. 그 소리에 다들 기가 죽을 듯한데 그 기(氣)를 이어받기 위해 저 옷을 입었을까?

그렇게 태권도를 관람하던 중 경기 도중에 부상을 당하는 친구들을 보았다. 경기를 마친 후 발을 절룩거리며 퇴장하는 선수가 있는가 하면 경기가 끝나자마자 코치에게 달려가 마사지를 받는 선수가 보이는 것이었다. 그 순간 이거다 싶었다. 격렬한 운동인 태권도는 경기 후에 스포츠 손상이 남는 경우가 많고 그 손상을 속히 치료해주지 않으면 만성화되어 운동을 지속하는데 무리가 따를 수 있다. 대한민국의 국기인 태권도를 배우는 선수들에게 조금이라도 도움이 될까 해서 스포츠 손상에 우수한 효과를 자랑하는 한의학을 선물하고 싶었다.

곧바로 우즈베크 태권도 WTF(WORLD TAEKWONDO FEDERATION: 세계태권도연맹)와 연락을 취하고 내 의도를 말했다. 상호협약을 통해 한·우친선한방병원은 상시에는 우즈베키스탄 태권도 WTF협회에 소속된 태권도 선수들에게 한방의료 지원을 하는 한편 대회 개최 시에는 응급차와 한의사를 배치시켜 팀 주치의로서의 역할을 수행키로 했다. 약속을 맺는 자리에서 알람존 물라예프 우즈베키스탄 태권도 WTF 협회장은 "아주 뜻 깊고 좋은 선물이라고 생각되며, 우즈베키스탄 태권

1. 경기에 지고 분에 못 이겨 눈물을 보이는 아이.
2. 필자가 박장대소한 어머니 체육교실 도복.
3. 한국어로 심판을 보는 우즈베키스탄 태권도 심판.

1. 태권도 경기 후 손상을 입은 선수를 진료하고 있다.
2. 전 우즈베키스탄 태권도 연맹회장 알람좀 몰라예프와 함께.

도 선수들이 올림픽에서 금메달을 따면 한·우친선한방병원의 도움이라고 생각하겠다"라고 이야기했다. 제발 우즈베키스탄이 태권도에서 금메달 좀 많이 땄으면 하는 바람이다.

이런 한방진료 지원을 계속 확대하면 한·우친선한방병원의 명성도 계속해서 상승할 것이고 더불어 한국의 국가 이미지도 우즈베키스탄에서 한층 높아질 것이라고 생각했다. 나보이극장과의 협약에 이어 태권도협회와의 협약이 체결되자 병원 직원들은 환자 수가 계속 늘어나는 것에 우려의 소리를 높였다. 하지만 이런 우려의 소리가 더 높아지면 높아질수록 나는 내 일에서 더 많은 재미를 느끼는 약간의 유쾌한 가학성도 생기기 시작했다.

3
떠나자, 지방으로

어디서부터 잘못됐는지는 알 수가 없었다. 그런 일들이 한쪽에서 벌어지는데 가만히 묵도하기만 하는 것도 참을 수 없는 일이었던 것이다. 그래서 나는 무분별한 무면허자들의 봉사활동에 대항해서 의료봉사 판에 뛰어들기로 결심했다.

병원의 책임자가 되어 홀로 고전분투하던 중에 드디어 후임 KOICA 국제협력한의사들(안건상 선생, 이길준 선생)이 한 달 동안의 긴-이들을 기다리는 나는 한 달이 일 년 같았다-훈련을 마치고 2009년 8월에 한·우친선한방병원에 배치되었다. 이제 혼자 하던 병원 일도 후임들과 나눠서 하게 되어 여러 가지로 편해졌지만 오히려 좀이 쑤셨다. 한의사가 더 많아졌으니 새로운 일을 더 많이 하고 싶었던 것이다. 이리저리 궁리를 하던 중 우즈베키스탄에 거주하는 고려인 동포들을 위한 지방 의료봉사활동을 시작하기로 했다.

우즈베키스탄에서 소수민족에 속하는 고려인 동포들은 소수민족이지만 우즈베키스탄 각 지방마다 고려문화협회라는 단체를 두고 광범위하게 퍼져 있다. 이 단체와 연계해서 의료봉사활동을 펼치면 고려인 동포들에게 조국에 대한 자긍심을 더욱더 공고히 다질 수 있을 것이라 생각했다. 또한 우즈베키스탄의 수도가 아닌 지방에는 의료 기반 시설이 많이 취약하여 의료 지원을 바라는 요청이 많았던 터였다.

이렇게 중요한 이유들과 더불어 내가 집사람을 한 달간 한국에 보내면서까지 지방 의료봉사를 강행한 개인적인 이유가 하나 있다. 그

것은 바로 내 면허증의 가치를 위해서이다. 우즈베키스탄에 본 바로는 속된 말로 개나 소나 다 의료봉사를 한다. 종교 선교를 목적으로 무면허인 사람들이 얄팍한 지식으로 의료봉사랍시고 현지 주민들을 들쑤시고 가는 모습에 내 한의사 면허증이 너무나 비참해 보였다. 어디서부터 잘못됐는지는 알 수가 없었다. 그런 일들이 한쪽에서 벌어지는데 가만히 묵도하기만 하는 것도 참을 수 없는 일이었던 것이다. 그래서 나는 무분별한 무면허자들의 봉사활동에 대항해서 의료봉사 판에 뛰어들기로 결심했다.

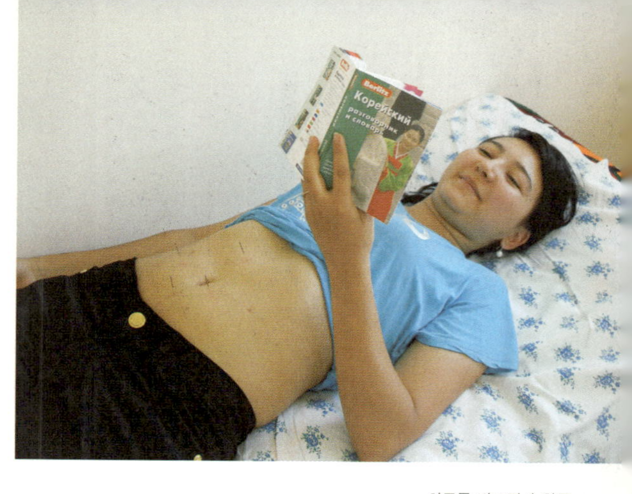

치료를 받으면서 한국어를 공부하는 우즈베키스탄 여대생.

우즈베키스탄의 아름다운 도시 사마르칸트를 첫 번째 방문 도시로 결정했다. 날짜는 2009년 8월 15일 대한민국의 광복절로 정했다. 사마르칸트시도 구경하고 병원 홍보도 할 요량으로 '광복절 기념 우즈베키스탄 사마르칸트시 거주 고려인을 위한 한방 의료봉사'란 행사명을 걸고 거창하게 준비했다. 의료봉사 장소는 과거에 교회로 사용하였으나 현재는 고려문화협회로 바뀐 건물이었다. 우즈베키스탄은 선교를 금지하기에 십자가에 두 획을 더해 나무 목(木)자가 돼버린 철 대문이 묘한 감흥을 더했다. 사마르칸트에서 봉사활동을 도와준 고려인 의사 선생님이 침을 배웠다기에 어디서 배우셨냐고 물었더니 목사님들이 봉사활동 왔을 때 배웠다고 한다. 나는 안타까운 나머지 분노가 치밀어 오르는 것을 느꼈다. 간신히 마음을 가다듬고 침구학에 관심이 있다면 우즈베키스탄에서 활동하시는 전문 한국 한의사들에게 배우시

1. 사마르칸트시 고려문화협회는 과거에 교회였다. 교회가 폐쇄되면서 열십자(十) 대문이 나무목자(木)로 개조되었다. / 2. 고려인들은 우즈베키스탄 도시마다 문화협회를 두고 우리의 언어와 전통을 잊지 않으려고 노력하고 있다. / 3. 진료실 창문 너머로 아름다운 비비하눔 모스크가 보인다.

라고 권했다. 그분도 의사인지라 전문가인 한의사에게 배워야 한다는 것에 동의하셨지만 지방에 살다보니 불가능한 점이 많다고 아쉬워 하셨다.

고려문화협회 3층은 일전에 진료소로 사용된 적이 있어서인지 환자용 침대도 7개가 잘 갖추어져 있고 채광도 좋으며 창문 너머로 아름다운 비비하눔 모스크도 보인다. 진료소 환경으로만 따지면 정말 100점 만점에 100점을 줘도 부족할 정도로 쾌적한 곳이었다. 생각보다 환자는 많지 않아서 한 분 한 분에게 보다 오랫동안 귀 기울일 수 있었고, 양으로 승부하는 의료봉사가 아닌 질로 승부하는 의료봉사를 완성해 나갈 수 있었다.

한국으로 돌아갈 때까지 가능한 한 많은 지방을 다니며 한방 의료 봉사를 실천하겠다는 결심은 나의 게으름으로 총 4회(사마르칸트(2009년 8월), 카라칼팍스탄 누쿠스(2009년 8월), 나만간(2009년 10월), 안그렌(2009년 12월)에 그쳤다. 우즈베키스탄을 떠나오며 가장 아쉬움이 많이 남는 일이다.

의료봉사를 마치고 사마르칸트시 고려문화협회 관계자분들과 함께, 이때부터 지방 의료봉사를 할 때면 주위에 태극기를 걸었다.

4

KOIKOM 한방병원

빗자루 하나와 한 시간이면 그네들에게 많은 걸 줄 수 있다는 사실을 고 마리나 선생님에게 배웠다. 그리고 봉사의 시작은 나 자신의 여유로부터가 아니라 인간에 대한 사랑이어야 한다는 사실도 깨달았다.

카라칼팍스탄이란 나라를 아십니까?

우즈베키스탄에 속한 자치공화국으로 우즈베키스탄의 서쪽에 자리 잡은 그곳은 말 그대로 외진 곳이다. 이 외진 곳에 뜻밖에도 우리의 동포인 고려 사람들이 많이 살고 있다. 그리고 그곳에 대한민국의 힘으로 만든 조그만 한방진료소가 있다.

한국국제협력단(KOICA)과 대한한방해외의료봉사단(KOMSTA)이 힘을 합쳐 2001년 4월 29일에 'KOIKOM 한방진료소'를 설립하였다. 이 진료소는 카라칼팍스탄 수도 누쿠스에서도 가장 가난한 동네인 21지역에 자리 잡고 있다. 한국의 지원을 받고 고려인 의사가 한방진료를 하며 무료로 운영하는 이 진료소는 경제적 사정이 어려운 누쿠스 사람들에게는 큰 위안이며 안식처라고 한다.

▶ 누쿠스에서는 3가지를 조심해야 한다. 물, 맨홀, 그리고 12시만 되면 문을 닫는 술집.

이곳에서 2009년 8월 18일부터 28일까지 지방 의료봉사활

동을 펼쳤다. 누쿠스는 2가지로 유명하다. 하나는 겨울에 영하 30℃ 밑으로 내려가는 추위이고, 또 다른 하나는 여름에 50℃를 넘는 더위가 바로 그것이다. 내가 누쿠스에 도착했을 때는 영상 49℃ 정도로 다행히 더위가 한풀 꺾인 시점이었다. 누쿠스는 우즈베키스탄 내의 도시가 아닌 자치공화국의 수도이다 보니 충분한 경제적 지원을 받지 못해 사회 기반 시설이 많이 낙후되어 있고, 의료 시설도 취약하다. 한때는 아랄해에서 많은 혜택을 받았지만 아랄해가 점점 말라가면서 기후가 더욱 안 좋아졌고 과거에 번창했던 수산업은 쇠퇴하고 있다. 사람들은 일자리가 없어 돈을 벌기 위해 주변 국가인 카자흐스탄이나 러시아로 떠나버려 도시는 점점 휑해지고 있었다.

누쿠스의 KOIKOM 한방진료소는 한 · 우친선한방병원의 분원 격이다. 현재 'KOIKOM 한방진료소'는 고려인 박 안드레이 의사가 한국의 한의학을 배워 2010년까지 9년째 한방진료를 해오고 있다. 의료봉사활동을 위해 이곳을 방문했을 때 3가지에 놀랐다. 첫째는 진료소가 곧 무너질 듯이 벽에 금이 많이 가있는 것이었고, 둘째는 전기가 자주 나가서 거의 어둠 속에서 진료를 해야 한다는 사실이었다. 마지막으로 놀란 이유는 환자들이 나를 너무나 환대해준 것이다.

진료를 시작한 지 얼마 되지 않아 카라칼팍스탄 고려문화협회의 고마리나(한국이름 고계월)선생님을 만났다. 고 선생님과의 만남으로 나는 봉사활동에 대한 잘못된 편견을 버리게 되었고 많은 자극을 받았다. 고계월 선생님은 카라칼팍스탄 의회의 상원의원으로 활동하시다가 지금은 한국어 교육에 매진하며 이 척박한 누쿠스에서 봉사단을 이끄는 분이었다. 나는 우즈베키스탄과 같은 개발도상국에 자생적인 봉사단이 있을 것이라고는 생각하지 못했다. 경제적으로 낙후되어 있는

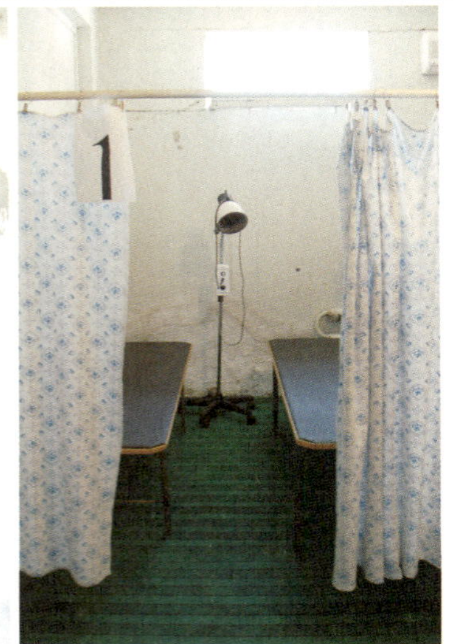

KOIKOM 한방진료소의 상황은 생각보다 많이 열악했다. 진료소가 만들어진 지도 벌써 10년이 넘었다.

상황에서 그런 일에 힘쓰는 사람은 당연히 없으리라고 생각한 것이 나의 잘못된 편견이었다. 고계월 선생님은 여성들로 조직된 봉사단을 이끌며 많은 봉사활동을 펼쳐서 카라칼팍스탄 정부로부터 포상도 수 차례 받은 바 있다.

카라칼팍스탄 고려문화협회가 위치한 구역은 주로 도시 하층민과 장애우, 외로운 노인들이 많이 모여 사는 곳이었다. 경제적인 문제로 병원에 가지 못하는 사람들이 대부분이라고 한다. 이곳에서 고계월 선생님은 거동이 불편한 장애우들을 찾아가 집을 청소해주고 음식을 만들어주는 봉사를 하셨던 것이다.

"집에 찾아가면 왜 오냐고 하는 사람들이 태반이었죠. 가서 청소를 하면 새카만 바퀴벌레가 막 나옵니다. 어떤 집에서는 한 양동이씩 바퀴벌레를 잡은 적도 있어요. 그래도 두 번 세 번 찾아가면 서로서로 익숙해집니다. 그 사람들 집에는 가구나 살림살이가 아무것도 없어요. 배가 고프니까 전당포나 시장에 다 내다 팔고 술 사 먹고 그냥 자는 거죠. 그런 사람들이 불쌍하고 도와주고 싶어서 한 일입니다."

나는 문득 고계월 선생님이 그토록 열정적일 수 있는 이유를 알고 싶었다.

"내 고향은 우즈베키스탄 타슈켄트에요. 남편도 고려인인데 카라칼팍스탄에서 태어났죠. 남편 따라 카라칼팍스탄으로 온 겁니다. 카라칼팍스탄은 우즈베키스탄에 속해 있지만 그렇다고 완전한 우즈베키스탄도 아닌 어중간한 상태이다 보니 정부의 지원이 적어 경제적으로도 어렵고 사회발전도 더딥니다. 살아가는 게 조금 어렵지만 그래도 여기서 이 카라칼팍스탄 사람들과 부대끼며 살아보니 우리 민족과도 비슷한 점도 많고 이 사람들을 사랑하게 됐습니다."

시설은 허름하지만 한국어 교육과 한국의 전통문화 보존에 노력하고 있는 카라칼팍스탄 고려문화원.

◀ 나에게 봉사의 의미를 일깨워 준 고계월 선생님.

청소를 대신 해주는데 돈이 수천만 원 필요한 것도 아니다. 시간이 몇 십 년 필요한 것도 아니다. 빗자루 하나와 한 시간이면 그네들에게 많은 걸 줄 수 있다는 사실을 고 마리나 선생님에게 배웠다. 그리고 봉사의 시작은 나 자신의 여유로부터가 아니라 인간에 대한 사랑이어야 한다는 사실도 깨달았다.

KOIKOM 한방진료소에서 봉사활동을 펼친 2주간은 진료 받고 싶다는 사람이 많아 아침부터 100명 이상씩 환자를 진료해야 했다. 점심시간이 3시를 넘기는 것이 다반사였다. 다리가 후들거리고 입이 말랐지만 할머니들이 진료 받고 가시면서 고마움의 표시로 안아주시면 금세 피로가 풀렸다. 그렇게 2주간의 봉사를 마감하는 날, 환자들이 나에게 몰려왔다. 나는 혹시 무슨 의료사고라도 생긴 줄 알고 초조해졌다. 그러나 그분들은 그동안 고마웠다는 말씀을 전하러 오신 것이었고 카라칼팍스탄 전통의상을 선물로 주셨다. 잠시 어찌할 바를 몰랐던 나는 그 옷을 입고 모두와 일일이 포옹하며 인사를 나눴다. 그분들의 따뜻한 마음이 마음으로 전해져 와서 부끄럽지만 눈물도 조금 보였다. 감동하기도 했지만 많이 부끄럽기도 했다.

'내가 이걸 받을 만한 자격이 있는가?'

진료를 하면서 모든 환자를 다 완전하게 치료하는 것은 불가능한

1. 독립 이후 단 한 편의 영화도 상영되지 못한 카라칼팍스탄 키노스튜디오.
2. 누쿠스 시장에서 발견한 돼지고기를 파는 정육점.
3. 우즈베키스탄에서 접할 수 있는 과일인 드냐, 누쿠스는 뜨거운 태양 덕분에(?) 더 달고 맛있는 드냐를 자랑한다.

일임에도 그런 능력이 없는 나 자신을 언제나 혐오스러워 했다. 7살짜리 예쁜 딸을 혼자서 키우는 젊은 유방암 환자, 뇌수막염 후유증으로 이미 정신지체가 보이는 5살 남자아이, 교통사고로 척수가 끊어져 수년간 휠체어 생활을 하고 엉덩이에 큼지막한 욕창이 썩어가는 미술가 등, 환자들이 지푸라기라도 잡는 심정으로 우리 병원을 찾아올 때 나는 진료실에서 괴로워할 수밖에 없었다.

내가 할 수 있는 일은 작다. 그러나 어찌된 일인지 그들이 나에게 도움을 요청한다. 나는 그들에게 의료봉사활동을 했다고 생각했지만 다시 생각해보면 그들이 나에게 도움을 준 것이다. 나를 담금질한 것이고, 나 자신의 한계를 일찍 깨닫도록 만들어 줬다. 나의 한계를 아는 순간 그 한계를 넘어보려는 노력을 할 수 있었다. 나는 나태해지지 않고 언제나 노력하는 것이 삶의 활력소가 된다는 것을 새삼 깨닫게 되었다. 삶을 살아가는 방법이 이렇게 바뀐다면 내 인생도 멋지게 바뀔 것이다. 환자가 의사였고 그들이 나를 치료한 것이다.

필자에게 카라칼팍스탄 전통의상을 선물한 누쿠스 주민들, 우측에서 세 번째가 박 안드레이 선생님.

KOIKOM 한방진료소 의료봉사를 시작하면서 병원 직원들과 함께.

5
반가운 얼굴

한글 서적을 모아놓은 책장을 둘러보던 중 흥미로운 책을 발견했다. 현재 서울 동서의료원 박상동 원장님이 쓰신 《중풍 못 고치는 것이 아니라 안 고치는 것입니다》라는 책이 떡하니 책장 중앙에 자리를 잡고 있었다.

2009년 10월 10일~11일에는 우즈베키스탄의 나만간이라는 도시로 의료봉사를 다녀왔다. 우즈베키스탄에서 경제 상황이 가장 안 좋은 도시로 나만간이 꼽히곤 하지만 우즈베키스탄 표준어는 바로 나만간 지역언어라고 할 만큼 우즈베키스탄 전통을 잘 지켜 나가는 우즈베키스탄의 양반 도시이기도 하다. 나만간 주민의 대다수는 우즈베키스탄인이고 러시아인이나 고려인은 다른 도시에 비해서 인구 비중이 낮은 편이다. 특히 나만간은 고려인들이 가장 적은 도시라고 한다.

의료봉사를 하면서 발견한 한 가지 재미있는 점은 우즈베키스탄의 다른 도시에서는 고려인들이 러시아어만을 사용하지만 나만간에서는 우즈베키스탄어를 구사할 줄 아는 고려인이 매우 많았다는 점이다. 당연한 이야기지만 도시의 특성은 언어의 선택에도 영향을 미치는 모양이다.

나만간 고려문화협회 라리사 회장님은 아주 정력적으로 보이는 여장부였다. 인상부터가 남자로 태어났으면 육군훈련소 소장은 했을 얼굴이시고, 굵직한 목소리로 호탕하게 말씀하셨다. 홍보를 잘해 놓으셨는지 많은 나만간 시민들이 한방 의료봉사 진료실을 찾아왔다. 진료실이라고 해봐야 책상 두 개를 붙여 만든 침대 3개와 낡은 의자만 가득한 곳이었지만 그나마 이런 공간이라도 있는 걸 감사하게 생각했다. 봉사하러 온 사람이 장소 타령하는 것은 거지가 식은 밥 타령하는 것만큼이나 볼썽 안 좋다.

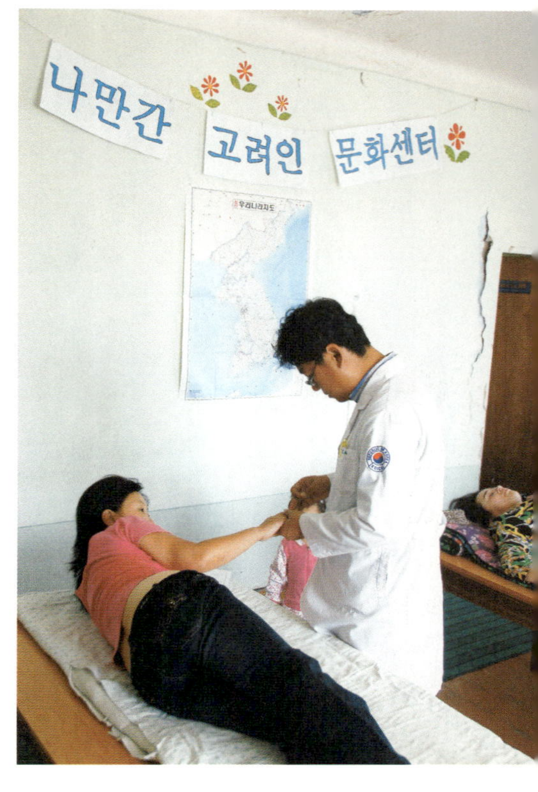

나만간 고려문화협회 의료봉사 현장.

진료 차례를 기다리는 사람들을 비집고 가장 먼저 태극기를 달았다. 8월 달에 있었던 사마르칸트시 의료봉사 때부터 봉사 장소에 태극기를 달기 시작했다. 한국의 한의사가 주도하는 봉사활동을 통해 대한민국의 이미지도 함께 좋아졌으면 하는 바람이 있었기 때문이다. 허풍을 약간 섞어서 말하자면 이런 나의 노력도 아주 조금은 보탬이 되었는지, 2009년 11월 말에 대한민국은 세계 최초로 원조 수혜국에서 원조를 베푸는 공여국으로 역할이 바뀌었다. 대한민국의 국격이 한층 높아지는 자랑스러운 일이 아닐 수 없다.

서로 먼저 진료 받으려는 사람들로 인해 5일장이 열린 듯 소란스러운 와중에 지역 신문사에서 취재를 요청해 왔다. 부족한 러시아어로 어렵게 인터뷰를 마치고 나니 인터뷰를 진행한 기자와 사진 기자 둘 다 진료를 받기 위해 침대에 누웠다. 그들은 백문이불여일견(百聞而不如一見)이요, 백견이불여일행(百見而不如一行)이라는 진리를 몸소 체험했을 것이다.

의료봉사 후 나만간시 고려문화협회 관계자분들과 함께.

환자가 잦아드는 오후, 아침에는 바빠서 미처 보지 못했던 고려문화협회를 찬찬히 둘러보기 시작했다. 한쪽 벽에는 한글로 '나만간 고려인 문화센터'란 장식이 있고 다른 쪽 벽에는 '제 1기 한글학교 수료식'이라고 한글로 적힌 종이가 붙어 있다. 한국인이라는 민족 정체성을 잃지 않고 꾸준하게 한글을 배우려는 우리 고려인 동포들의 눈물어린 노력이 가슴속 깊이 전해졌다.

한글 서적을 모아놓은 책장을 둘러보던 중 흥미로운 책을 발견했다. 현재 서울 동서의료원 박상동 원장님이 쓰신 《중풍 못 고치는 것이 아니라 안 고치는 것입니다》라는 책이 떡하니 책장 중앙에 자리를 잡고 있었다. 이 책이 어떤 경로로 우즈베키스탄 나만간까지 왔는지도 궁금했지만 책을 책장의 중앙에 세워둔 이유가 더 궁금했다. 다른 책에 비해서 중요도가 높기 때문일 텐데 라리사 회장님한테 이유를 물어본다는 게 깜빡 잊고 말았다. 이에 대해 나는 인간의 삶에 가장 중요한 것은 건강이기 때문에 건강 관련 서적을 책장의 중요한 자리에 두었다고 추측해본다.

◀ 1, 2, 3, 5. 나만간시 고려문화협회 의료봉사 현장, 나만간에서 활동했던 KOICA 김현수 단원(한국어 교육)과 김석경 단원(컴퓨터 교육)의 적극적 도움으로 훨씬 수월하게 진행되었다.

◀ 4. 책장 한가운데에 진열되어 있는 《중풍 못 고치는 것이 아니라 안 고치는 것입니다》.

▼(뒷페이지) 현지 언론에 보도된 한 · 우친선한방병원의 나만간시 의료봉사.

Благотворительность

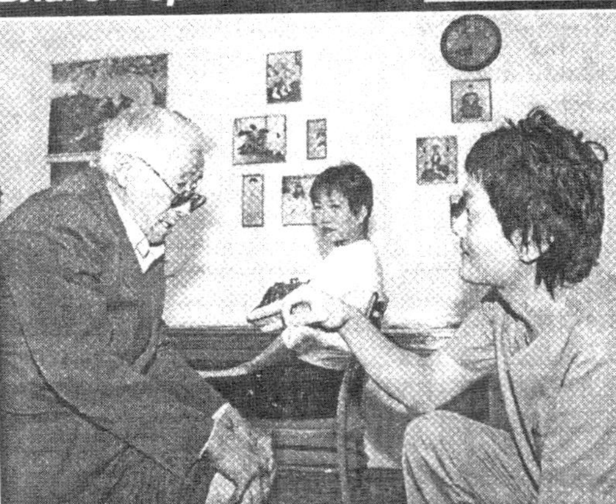

ВПЕРВЫЕ в Намангане врачи из корейского Международного агентства по культурному сотрудничеству "KOICA" провели благотворительную акцию. Подобные акции от агентства "KOICA", которое вот уже много лет сотрудничает с Узбекистаном, проходили в Ташкенте, Ургенче, Хиве, Самарканде, Нукусе, Андижане и Фергане.

СЕАНС ИГЛОУКАЛЫВАНИЯ

"KOICA" занимается различными образовательными и культурными программами, помогает учителям, врачам, организовывая для них различные семинары, образовательные программы и т. д. Агентство также ведет свою работу в Африке, Индии, Южной Америке и Центральной Азии.

Два дня в Наманганском Корейском культурном центре (НККЦ) три специалиста Сон Енг Иль, Ан Конг Сон и Ли Киль Чун консультировали и лечили всех желающих методом иглоукалывания. Всего было запланировано принять более 300 человек. Желающих "уколоться" и выздороветь или просто почувствовать себя лучше в эти дни в центре было очень много. Я смогла поговорить, причем без переводчика, с одним из врачей Сон Енг Иль, который отвечал на вопросы на русском языке.

- На сегодня метод иглоукалывания, который позволяет излечивать многие болезни, такие, как заболевания суставов, системы пищеварения, головные боли, бессонницу, сердечно-сосудистые заболевания, является очень действенным, безболезненным и не имеющим побочных эффектов методом.

- Как проходит ваша работа?

- Сначала мы разговариваем с больным, потом осматриваем его, определяя, какой меридиан у него не в порядке (дело в том, что по методике иглоукалывания тело человека делится на 12 меридианов), и определяем точку, где нужно колоть. Также мы даем рекомендации, как себя вести, питаться и принимать препараты, созданные на основе трав.

- Возможен ли положительный эффект от одного сеанса иглоукалывания?

- Не всегда, но возможен. Но даже один сеанс может на какое-то время улучшить состояние пациента. И если эта методика ему подошла, то он уже сможет обратиться здесь в Намангане к местным специалистам.

- В Узбекистане вы уже не первый раз проводите такие акции. Какие заболевания встречаются у нас наиболее часто?

- Повышенное давление, заболевания сердца, сахарный диабет.

- Все эти заболевания лечатся иглоукалыванием?

- Да, но только здесь уже необходимо длительное лечение.

Все, кто проконсультировался и получил сеанс иглоукалывания, говорят, что эффект изумительный.

- Я уже несколько лет жалуюсь на боль в суставах, а боль в груди отдается в голову, - говорит одна из пациенток Гульнара Муратова. - После иглоукалывания боль прошла.

А вот Пулат Турдиев пройдя процедуру ушел, а потом вернулся чтобы отблагодарить врачей.

- Я вообще сюда шел с трудом, ноги очень болят, - говорит он. - А ушел отсюда с легкостью забыв про то, что у меня что-то болит.

- Не ожидала что это принесет такой положительный эффект, - говорит председатель НККЦ Лариса Ни. - Первый день я просто наблюдала как лечатся другие, но сама не решилась на иглоукалывание. Но на второй день все же решила попробовать, так как часто болит спина, поясница. И действительно, почувствовала облегчение, какую-то легкость во всем теле. Мой отец, который с трудом ходит, тоже после сеанса этих врачей буквально преобразился.

Сурия МАГДЕЕВА.

"Янги авлод-200

Л

НА НЕДЕЛЕ в городе
ле музыки и искусства
валя детского творчест
состязаний юные дар
бовь к Родине в виде
выступлений, а также

МЕРОПРИЯТИЕ нача
экспозиции картин юны
также специально подго
дов, отражающих их твор
затем продолжилось по
лениям.

Конкурс, направленн
одаренных детей, подде
и способностей, а такж
любви к творчеству и ис
но собирает сотни тыся
этом году только по гор
ли участие более 35 ты
девочек, учащихся из 13
ных и внешкольных учен

За годы существован
крыл множество обладат
ных способностей и тала
можность заявить о себ
Немало известных эстра
лей начинало свою тво
именно так.

Инициатором и осно
ром этого фестиваля к
гих, не менее интересн
является Фонд "Форум
кусства Узбекистана". В
торов также Министерст
разования, ОДМ "Камол
низация "Камалак", Мин
лам культуры и спорта
овози", Академия худож
на, союзы композиторо
бекистана.

- В этом году конкур
голюден, - говорит спец
делам духовности и п

Спорт

6

대한민국 한의학을 배우는 우즈베키스탄 의사들

우즈베키스탄 의사들이 티베트 의학을 배운 돌팔이와 그 실체가 의심스러운 한국인들에게 적지 않은 돈을 내며 침구학을 공부한다는 사실을 접하고 분한 마음이 생겼다. '어차피 배울 거라면 우리 대한민국 한의사의 이름 아래 배우게 하자!' 이런 마음이 가장 크게 작용했었던 것 같다.

우즈베키스탄은 구 소련시절까지만 해도 의료 수준이 높은 국가였으나 1991년 소련 해체 후 러시아의 지원이 끊겨 의료 환경이 갈수록 열악해지고 있는 상황이라고 한다.

2009년 우즈베키스탄 정부는 본국에 7만 2천 명의 의사와 26만 명의 간호사들이 근무하고 있고, 또한 76개 의학대학에서 연 3천 명의 의사 및 6만 명의 간호사들이 졸업하고 있다고 발표했다. 인구 2천 5백만 명의 나라에 7만 2천 명의 의사가 있으니 수치상으로만 보면 인구 5천만 명의 나라에 10만 명의 의사가 있는 한국보다 인구 1000명당 의사 수가 더 많다.

그러나 의사가 많다고 해서 의료 환경이 더 우수한 건 아닌 모양이다. 의료 소모품이 부족한 경우가 태반이고, 나의 경험에만 비추어 본 개인적인 결론이지만 우즈베키스탄 의사들의 진료 수준은 많이 떨어져 있다. 이런 상황에서 한의학은 우즈베키스탄 의사들에게 어떤 의미일까?

그 고민 이전에 우즈베키스탄 의사들에게 한의학을 가르친다는 게 한편으로는 뿌듯하면서도 한편으로는 썩 내키지 않는 부분이 있었다.

한의사란 제도가 탄탄하게 구축되어 있는 한국과 다르게 모든 의료활동이 의사의 권한으로만 이루어지는 우즈베키스탄에서 의사들에게 한의학을 교육하는 것은 결국 한의학을 위한 것이 아니라는 의견도 있었다. 그러나 우즈베키스탄 의사들이 티베트 의학을 배운 돌팔이와 그 실체가 의심스러운 한국인들에게 적지 않은 돈을 내며 침구학을 공부한다는 사실을 접하고 분한 마음이 생겼다. '어차피 배울 거라면 우리 대한민국 한의사의 이름 아래 배우게 하자!' 이런 마음이 가장 크게 작용했었던 것 같다.

한 · 우친선한방병원의 한의학 교육은 병원이 설립된 '97년 이래로 계속되어 왔지만 소수의 인원만을 대상으로 진행되어 아쉬움이 있었다. 그런 점을 보완해 보고자 교육 받는 대상을 넓혀야겠다는 생각을 하게 되었다. 우선 강의 과정을 1주일에 2회로 정하고, 한의학개론, 경혈학, 사암침법을 중심으로 한국한의학의 우수성을 알리는 강의 내용을 구성하였다. 또한 6개월에 한 번씩 치러지는 시험에서 2번 모두 합격할 경우에만 수료증을 받을 수 있다는 점을 명시하고 홍보활동을 시작했다. 타슈켄트의 유명한 병원은 모두 찾아가 우리의 목적을 이야기하고 강의 신청을 적극 부탁했다. 안건상 선생의 부지런한 홍보 때문이었는지, 무료 강의라는 혜택 때문이었는지 몰라도 강의 신청자가 예상보다 많았다.

접수를 마감하고 보니 총 41명의 의사들이 등록했다. 무료 강의이기 때문에 신청자가 많았으리라 생각했지만 강의가 진행될수록 우즈베키스탄 의사들이 강의 시간을 더 늘려 달라고 요구하는 의외의 상황이 발생했다. 그들의 열정을 몰라줘서 미안하기도 했고 수강자들이 열성적이니 자연스레 강의가 즐거워졌다. 나를 비롯한 안건상 선생

침구학 실습을 하고 있는 우즈베키스탄 의사들, 한국한의학 강의가 잘 진행되어 2010년 6월에 강의가 성공적으로 종결된다는 소식을 접했다. 많은 사람들이 통과 시험에 합격하길 기원한다.

님, 이길준 선생님이 다른 한의사들보다 더 많은 지식이 있어서 강의하는 것이 아니고 책에 나와 있는 것을 한국 한의사와 한국한의학이라는 이름 아래 강의했을 뿐인데도 열심히 배우겠다고 하니 우리들도 자연히 더 강의 준비를 많이 하게 되고 강의에 들어가면 힘이 생겼다.

수업 후 몇몇 사람들에게 무슨 생각으로 바쁜 시간을 쪼개서 여기까지 왔는지 물었다. 대답은 다양했다.

"침을 더욱더 전문적으로 배워보고 싶어서 왔다."

"전통의학의 탁월한 치료 방법을 알고 싶어서 왔다."

"우즈베키스탄에서는 아직 대중화되어 있지 않은 영역이라서 개척해보고 싶다."

"침을 이용해서 경쟁력을 갖추고 돈을 벌고 싶다."

41명에게는 41개의 다른 답이 준비되어 있었을 것이다.

어쨌든 우즈베키스탄 의사들이 한의학을 배울 필요가 있는 학문 영역으로 인식하고 있다는 점을 확인하게 되어 안도감을 느꼈다.

한국한의학 강의가 잘 진행되어 2010년 6월에 강의가 성공적으로 종결된다는 소식을 접했다. 앞으로 계속될 한국한의학 강의가 어떤 결과를 보여줄지 궁금하다. 10년 후에는 한국한의학을 배운 우즈베키스탄 의사 수가 1000명이 넘었다는 소식을 접했으면 하는 게 나의 작은—다시 생각해보니 좀 크다—바람이다.

7
대한민국 한의학 서적의 번역

이를 위해서 일단 필요한 것이 있다면 나는 주저 없이 한의학 서적의 번역 작업을 꼽는다. 영어뿐 아니라 적어도 유엔 공식언어인 프랑스어, 스페인어, 중국어, 아랍어, 러시아어로 다양하게 번역이 이루어져야 진정한 세계화의 기본이 다져질 것이라고 생각한다.

한의학(韓醫學)을 비롯한 아시아 전통의학의 선두 주자는 중국이다. 국가 차원의 물질적, 인적 투자가 일단 규모 면에서 타의 추종을 불허한다. TCM(Traditional chinese medicine)은 이미 미국과 유럽에서 동양의학을 대표하는 고유명사로 쓰이고 있다. 이런 상황에서 2009년 7월 31일 한국의 대표적인 한의학 서적인 《동의보감》이 유네스코 세계기록유산으로 등재되었다는 소식은 정말 대한민국 한의사인 나에게 자랑스러운 사건이었다. 그것도 의학 서적으로서는 최초이다 보니 중국 인터넷에서 이 기사에 달린 댓글의 과반수가 시샘과 질투로 가득했다는 후문이 놀랍지 않다.

나는 우즈베키스탄에서 활동할 때 이 소식을 접하게 되었다. 한의사로서 너무 기뻤고 자랑스러워 등재 기념 포스터를 프린터로 조그맣게 출력하여 병원 출입구에 붙였다. 오고가는 사람들이 보고 한의학에 대한 관심이 커지길 기대한 것이다. 그런데 가만 생각해보니 우즈베키스탄 국민들이나 의사들이 《동의보감》이라는 책에 대해서 궁금증을 가진다고 해도 막상 우즈베키스탄어나 러시아어로 번역이 이루어져 있지 않아 《동의보감》에 대한 궁금증을 시원하게 해소하기에는 어렵겠다는 것이 참 아쉬웠다.

한의사들끼리 모이면 항상 나오는 주제 중 하나는 한의학의 세계화이다. 한의학을 한국, 중국, 일본에서만 통용되는 아시아 전통의학의 한 부류가 아니라 세계 속에서 통용되는 의학의 한 분야로 성장시키자고 주구장창 이야기한다. 이를 위해서 일단 필요한 것이 있다면 나는 주저 없이 한의학 서적의 번역 작업을 꼽는다. 영어뿐 아니라 적어도 유엔 공식언어인 프랑스어, 스페인어, 중국어, 아랍어, 러시아어로 다양하게 번역이 이루어져야 진정한 세계화의 기본이 다져질 것이라고 생각한다.

이미 중국은 중의학 세계화 작업을 위해 다양한 번역 작업을 완성하였다. 또한 러시아에서도 동양의학에 관한 관심이 높아서인지 많은 중의학 서적을 러시아어로 번역하였다. 이러한 번역이 중국의 힘에 의해서인지, 러시아의 힘에 의해서인지는 알 수 없지만 러시아로 번역된 중의학 서적들을 보면서 감탄이 절로 나왔다. 어떤 중의학 책은 한국어로 번역된 시기보다 앞서 러시아어로 번역된 경우도 있었다.

그렇다면 대한민국이 세계기록유산으로 등재되었다고 자랑하는 《동의보감》은 과연 어느 언어로 번역이 이루어져 있는가? 조사한 바에 따르면 일본어, 중국어 그리고 의외로 독일어로 번역이 이루어져있다고 한다. 영역은 지금도(2010년 6월 현재) 진행 중이라는 소식이다. 아직은 가야 할 길이 멀어 보인다.

한의학 서적의 러시아어 번역 작업은 내가 한·우친선한방병원 책임자가 되었을 때 꼭 해보고 싶은 일이었다. 이미 2007년에, 지금은 스리랑카 정부 초청으로 한의학을 교육하고 계시는 한규언 前 정부파견 한의사의 저작인 《Acupuncture in oriental medicine》(KOICA 지원 출간)

이 한 · 우친선한방병원의 노력으로 러시아어 번역이 이루어졌다.

이 책은 한의학개론과 경혈학 분야에 관한 내용이 알기 쉽게 되어 있어 우즈베키스탄 의사들을 대상으로 한 강의 시간에 교재로 사용된다. 새로운 번역 사업 대상 서적을 물색하다가 결정한 것이 바로 사암침법 고전 원문이었다. 사암침법은 조선중기 무렵에 사암(舍岩)이라는 호(號)를 가진 사람이 창안한 침법으로, 음양오행의 원리를 통해 손과 발에 있는 혈자리만을 이용하여 침 치료를 하는 방법이다. 그 임상효과가 매우 뛰어나고 독창적인 침법으로 세계에 자랑할 만한 대한민국 고유의 침법이라고 할 수 있다.

한 · 우친선한방병원의 주된 한의학 강좌는 한의학개론, 침구학, 본초학, 사암침법으로 이루어져 있다. 이 중 사암침법을 올바르게 강의하기 위해서는 그 이론의 근간을 이루는 사암침법 중요 서적에 대한 번역이 반드시 이루어져야 한다는 전제하에 2009년 초부터 사암침법 고전 원문을 러시아어로 번역하기 시작했다.

사암침법 고전 원문에 대한 번역은 이미 영어와, 에스페란토어로 번역이 이루어져 있다. 이번의 러시아어 번역을 통해서는 우즈베키스탄뿐만 아니라 러시아를 비롯한 러시아어권 지역(CIS 지역)에 대한민국 한의학을 널리 알릴 수 있고, 동양의학에 관심을 가진 많은 현지 의사들이 한국의 한의학을 접할 수 있는 기회를 만들 수 있으며, 더불어 대한민국에 대한 인식 또한 가일층 새로워질 수 있다는 희망을 가져보았다.

번역 작업은 한 · 우친선한방병원의 통역인 김 스베틀라나 선생님과 함께 진행하였다. 번역해야 할 원문의 양은 A4 용지 60장 정도로 적었지만 번역에 1년가량의 시간이 걸렸다. 번역 작업을 하는 동안 계속되는 교정과 토의 작업에 많이 힘들기도 했다. 단어 하나를 번역하는데도 내가 한국어로 이해하고 있는 의미가 러시아어로 번역하면 어감의 차이가 생길 수 있으니 단어마다 주의를 기울여야 했다. 하루 종일 책 번역, 교정만 하면 시간을 단축했겠지만 진료와 강의, 봉사활동을 병행하다 보니 시간이 많이 걸릴 수밖에 없었다. 조금만 게으름을 피웠어도 번역 작업을 다 마치지 못하고 한국에 귀국했을 것이다.

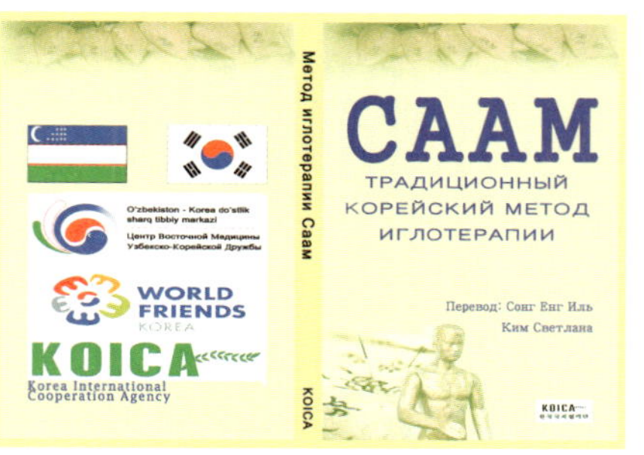

한 · 우친선한방병원 통역 김 스베틀라나 선생님과 내가 번역한 사암침법 고전 원문의 러시아어판, KOICA 지원으로 2010년 4월 1일 출간되었다.

다행히 이 책은 2010년 4월 1일 KOICA의 지원으로 인쇄되어 세상에 나왔다. 이 책은 판매용으로 출간한 것은 아니다. 나와 김 스베틀라나 선생님은 이 책에 대한 저작권만을 요구하기로 하고 저작권료는 요구하지 않기로 했다. 우리가 원하는 것은 한의학의 세계화이지 돈이 아니었기 때문이다. 책에는 컴퓨터 문서 파일을 원하면 이메일로 보내준다는 정보도 적혀 있다. 많은 우즈베키스탄 의사들과 러시아 의사들이 메일을 보내줬으면 하는 바람이다.

얇은 책 하나 러시아어로 번역했다고 나의 임무를 완수했다고 생각하지는 않는다. 이 책은 시작일 뿐이다. 언젠가 기회가 된다면 《동의보감》을 러시아어로 번역하는 일에 참여해보고 싶다. 그리고 우즈베키스탄과 러시아 사람들의 집 책장에 러시아어판 《동의보감》이 꽂혀 있는 날이 반드시 올 것이라는 희망을 가져본다.

8

Traditional Medicine in a modern society 학회 참관기

학술대회를 통해 우즈베키스탄이 자국의 전통의학에 지대한 관심을 가지며 막대한 투자를 통해 경쟁력을 강화하려 한다는 인상을 강하게 받았다. 특히 우즈베키스탄에서 자생하는 생약 자원을 이미 상품화하여 판매하는 시도가 진행되어 그 경제적 가치가 주목된다.

전 세계적으로 전통의학에 대한 관심은 고조되어 가고 있다. 이렇게 말할 수 있는 이유는 세상의 어느 곳에서는 전통의학을 폄하하는 사람들이 수두룩한 반면, 다른 어느 곳에서는 전통의학을 발전시키자는 사람들이 모여서 학술대회를 하기 때문이다. 이것은 관심마저 없다면 일어날 수 없는 일이다.

세계인의 건강증진 위해 노력하는 WHO(세계보건기구) 역시 전통의학에 오래전부터 관심을 보여 왔다. 이에 대해서 좀 더 자세히 알아보면 우선 1978년 9월 6일~12일에 카자흐스탄에서 열린 세계 일차보건의료대회에서 '알마아타선언'을 채택하여 지역 사회 일차보건의료 부문에서 전통 의료 전문가의 역할을 촉구했다. 직접 그 선언(VII의 7 부분)을 보면 다음과 같다.

Primary health care relies, at local and referral levels, on health workers, including physicians, nurses, midwives, auxiliaries and community workers as applicable, as well as traditional practitioners as needed, suitably trained socially and technically to work as a health team and to respond to the expressed health needs of the community [일차보건의료는 지역 차원과 (전문가에게로의) 의뢰 수준에서, 지역사회에서 표출되는 보건상의 요구에 대응할 수 있도록 사회적 · 기술적으로 적절하게 훈련된 보건팀으로서 일하는 보건 인력에 의지한다. 이 보건 인력에는 필요시에 전통 의료 전문가뿐만 아니라 의사, 간호사, 조산사, 보조 인력과 투입 가능한 지역 활동가 등이 포함된다.]

보건의료 분야에서 전통의학의 역할을 공식적으로 밝힌 것은 이 선언이 처음이었다.

이에 이어 1999년 베이징에서 열린 WHO / WPRO(서태평양지역사무처, Western Pacific Regional Office) 워크숍에서 전통의학을 Traditional medicine is the sum total of knowledge, skills and practices on holistic healthcare, which is recognized and accepted by the community for its role in the maintenance of health and the treatment of disease(사회로부터 건강 유지 및 질병 치료에 그 역할이 인식되고 받아들여진 전체론적인 보건의료

2010년 2월 1일 전통의학에 관한 주제로는 우즈베키스탄에서 처음으로 열린 국제학술대회.

에 대한 지식, 기술 및 행위의 모든 것) 이라고 정의하며, 전통의학이 갖는 역할을 인정하고, 지역사회 보건의료 문제해결을 위해 전통의학을 발전시킬 것을 권장했다.

또한 WHO는 2000년에 '모든 이에게 건강을(Health For All)'이라는 슬로건을 내걸고 여러 국가들이 자국민의 건강 수준 증진을 위한 다양한 방안을 개발하여 수행하도록 하고 있으며, 보건의료 체계의 개혁을 요구하고 있다. 그 다양한 방안에는 물론 각국의 전통의학이 포함되어있으며, 보건의료 체계의 개혁에서도 전통의학의 역할이 크다.

우즈베키스탄에서도 전통의학에 대한 관심은 높아만 가고 있다. 2010년 2월 1일 우즈베키스탄 타슈켄트에서 열린 'Traditional Medicine in a modern society'라는 주제의 국제학술대회에서 그 관심을 조금 엿볼 수 있었다. 이러한 주제로 열린 학술대회는 우즈베키스탄에서는 처음이었고 이 학술대회가 무시할 수 없는 중요성을 가지는 이유는 주된 후원자가 현 우즈베키스탄 대통령 이슬람 카리모프의 딸인 굴나라 카리모바이기 때문이기도 하지만, 이제 막 자생적으로 연구가 이루어지고 있는 우즈베키스탄 전통의학에 대해서 우즈베키스탄 국민들뿐만 아니라 인접 국가인 타지키스탄, 카자흐스탄, 키르기즈스

학술대회는 우즈베키스탄 전통의학을 주요 주제로 진행되었다. 많은 국가들이 우즈베키스탄 전통의학 발전을 기대했으며, 정부 차원에서도 많은 지원을 약속했다.

탄, 중국, 인도, 일본, 러시아, 그루지아, 독일, 오스트리아 등에서 응원을 보내고 있기 때문이다.

우즈베키스탄에 무슨 전통의학이 있는지 의아하겠지만 우리들의 선입견과 다르게 우즈베키스탄은 굉장한 의학 전통이 있다. 우리가 한국한의학을 논할 때 '허준'을 이야기한다면 우즈베키스탄은 세계적으로 유명한 한 사람을 이야기한다.

그는 바로 '이븐시나'다. 980년 우즈베키스탄의 부하라에서 태어난 이븐시나는 18세에 이미 의사로서의 명성이 자자했다고 한다. 그러나 이븐시나는 역사에 의사로서만 기록되지 않는다. 이븐시나는 아리스토텔레스 이후의 최고의 철학자라는 평가를 받을 정도로 철학자로서의 업적이 대단할 뿐 아니라, 법학, 종교학 등 다양한 분야에 242권의 책을 남겼다. 의사로서 저술한 그의 의학서 《의학정전》은 그때까지 발간된 의학 서적 중 최고로 손꼽히며, 12세기에는 라틴어로 번역되어 유럽으로 전해져 유럽의 의학자들에게 지대한 영향을 끼쳤다고 한다.

학술대회에서도 발표의 절반은 이븐시나에 관한 논문으로 채워졌다. 나머지는 우즈베키스탄에서 자생하는 여러 가지 새로운 약초며 다양한 의료 자원들에 관한 이야기와 각국의 전통의학 상황에 관한 논문이 많이 발표됐다.

학술대회를 통해 우즈베키스탄이 자국의 전통의학에 지대한 관심을 가지며 막대한 투자를 통해 경쟁력을 강화하려 한다는 인상을 강하게 받았다. 특히 우즈베키스탄에서 자생하는 생약 자원을 이미 상품화하여 판매하는 시도가 진행되어 그 경제적 가치가 주목된다.

학술대회에 대한 취재 열기는 뜨거웠다. 학술대회에 참가한 발표자 중 한명인 Геннадий Малахов(게나디이 말라호프)는 러시아에서 유명한 의사인데 텔레비전 건강 프로 진행자라고 한다. 러시아 방송을 즐겨보는 우즈베키스탄 사람들한테는 거의 연예인과 같은 인기를 얻고 있어 싸인 공세를 받는 모습이 인상적이었다. 우즈베키스탄 신문, 방송기자는 앞다퉈 학술대회 현장을 취재하느라 바빠 보였다. 나도 엉겁결에 텔레비전 인터뷰 한 번, 라디오 인터뷰 두 번과 신문 인터뷰를 두 번씩이나 하게 되었다.

나는 발표자는 아니었지만 전통의학을 공부한 사람으로서, 또 우즈베키스탄에서 활동하는 대한민국 정부 관련 봉사기관의 봉사자로서 주목을 받았던 듯싶다.

몇 가지 아쉬운 점은 학술대회의 상석이랄 수 있는 주요 발표자 자리는 중국, 인도, 일본이 차지했다는 것이다. 또한 한국 측에서도 발표가 있었지만 학술대회의 말미에 매우 어수선한 분위기에서 발표가 이루어졌다. 약간은 푸대접이라고도 볼 수 있는 상황이었다. 전반적으로 국제적인 학술대회라고 하기엔 2% 부족했지만 앞으로 매년 개최될 예정이고, 또 정부의 과감한 투자로 연구가 활발해질 것이라 예상되어 우즈베키스탄 전통의학의 미래가 기대되는 자리였다.

이 학술대회에 참가하고 나서부터 마음이 바빠졌다. 2009년 가을부터 우즈베키스탄 의사들과 한국 한의사의 교류를 위해서 학술대회를 준비 중이었는데 별로 진전이 없었다. 거의 포기 단계에 이르렀지만 왠지 끝까지 밀어붙이면 잘될 것 같다는 예감 비슷한 걸 학회 참가 후에 얻은 것이다. 그리고 끝까지 밀어붙였다.

9

한국동양의학 침반사요법사분과

한·우친선한방병원에서 2007년부터 시작된 한국한의학 교육과정은 2009년에 수강생이 대폭 늘어났다. 그리고 한·우친선한방병원에서 공부하는 우즈베키스탄 의사 수가 많아지면서 수료 후 관리가 필요하게 되었다. 한두 명 있을 때야 큰 문제가 없었지만 30명에 육박하게 되니 한의학 교육에 대한 다양한 요구가 나왔다.

우즈베키스탄에도 무면허이면서 사설 단체를 만들어 침과 뜸을 알려주는 사람들이 있다. 정체를 알 수 없는 사람들인데, 배운 사람들을 중심으로 학회라고 만들어서 여기저기 회원증을 남발하고 있었다. 목적은 학문의 전파가 아닌 종교의 전파로 보인다.

한·우친선한방병원에서 2007년부터 시작된 한국한의학 교육과정은(그 이전에도 한의학 교육이 있었지만 정식 수료과정으로 자리 잡은 건 2007년이다) 2009년에 수강생이 대폭 늘어났다. 그리고 한·우친선한방병원에서 공부하는 우즈베키스탄 의사 수가 많아지면서 수료 후 관리가 필요하게 되었다. 한두 명 있을 때야 큰 문제가 없었지만 30명에 육박하게 되니 한의학 교육에 대한 다양한 요구가 나왔다. 한의학 분야 중 추나를 배워보고 싶다는 사람, 본초학을 더 알려 달라는 사람, 약침을 알고 싶다는 사람 등 우리 국제협력한의사 3명으로는 해결할 수 없을 만큼 일이 커졌다.

그래서 생각해 낸 것이 학회를 만드는 것이었다. 학회가 만들어지면 일단 개인 자격이 아닌 학회 차원에서 한국의 한의사들과 학술교류를 가질 수 있고, 학회 회원 간에 공동으로 연구할 수 있는 기틀이 자체적으로 마련되기 때문이다.

한국한의학 학술학회를 만들기 위해 사전조사를 해보았다. 독립적인 단체를 만들고 싶었지만 가능성이 적다는 충고를 들었다. 왜냐하면 우즈베키스탄에서는 외국인을 중심으로 한 단체를 좋아하지 않았기 때문이다. 또 독립적인 단체일 경우에는 부대비용이 많이 필요하다고 해서 일단 우즈베키스탄 의사협회 회장을 만나 면담을 했다. 우즈베키스탄 의사협회 분과학회로 인정해주면 좋겠다는 요구에 의사협회 회장의 대답은 일단 긍정적이었지만 우즈베키스탄 사람들은 항상 긍정적 답변만을 주고 시간을 끄는 일이 빈번해서 마음을 놓을 수 없었다.

근 6개월간의 긴 서류 제출과 반복된 학회 창립 요구 끝에 드디어 우즈베키스탄에서 한국한의학을 공부한 우즈베키스탄 의사들의 학회가 만들어졌다. 학회 이름은 우리말로 하면 '한국동양의학 침반사요법사분과'다. 러시아어로는 'Отделение Иглорефлексотерапевт

◀ 한국동양의학 침반사요법사분과 로고.

▼ 학회 회원임을 정식으로 증명하는 회원증, 빠벨이 학회 회원 순서 1번이다.

ов Корейской Восточной Медицины'다. 우즈베키스탄에서는 학회 이름을 정할 때도 제한이 많았다. '한국한의학학회'라고 명칭을 정할 수 없었고, 우즈베키스탄의사협회에서 선택하라고 내 놓은 것이 바로 '침반사요법사분과'였다.

한국한의학에 침구학만 있는 것이 아니기에 강하게 거부하였지만 우격다짐으로 해결할 수 있는 상황이 아니었다. 그나마 명칭에 '한국 한의학'이라는 문구를 꼭 넣겠다고 우겨 결국 '한국 동양의학'이란 문구를 넣는 것으로 합의를 보았다. 처음엔 한국 전통의학이라고 명시하고 싶었지만 재미있게도 우즈베키스탄은 물론 러시아에서도 전통의학은 우리가 말하는 서양의학이고 비 전통의학이 서양의학을 제외한 의학이다. 즉 영어로 'Traditional'이라고 번역되는 의학이 서양의학인 것이었다. 한국한의학의 WHO(세계보건기구)명칭이 Korean Traditional Medicine인데 글자대로만 번역하면 이상한 언어 모순에 휩싸이게 되는 것이다.

학회 창립에 주도적으로 관여했지만 학회 회장단 선출에 참가할 마음은 추호도 없었다. 학회의 발전은 우즈베키스탄 의사들의 몫이다. 회장은 한 · 우친선한방병원에서 근무하는 리 빠벨 안드레이비치가 선출됐다. 한국한의학에 대한 애정이나 적극성이 누구에게도 뒤지지 않는 빠벨은 회장의 역할을 잘해 줄 것이라 믿는다.

현재 '한국동양의학 침반사요법사분과'는 자체적으로 결정하여 우즈베키스탄 고아원에서 정기적으로 의료봉사활동을 하고 있다. 의사들의 봉사활동이 보편화되어 있지 않은 우즈베키스탄에서 '한국동양의학 침반사요법사분과'는 선구적인 역할을 해나갈 것이다.

학회 발족 후 기념사진.

10

제15회 국제동양의학회 참가기

국제무대에서 활동하는 한의사로서 국제학술대회에서 논문을 발표하는 것은 개인적으로도 귀중한 경험이면서 대한민국 한의사를 대표해서 한국한의학을 홍보할 수 있는 좋은 기회라고 생각했었다.

우즈베키스탄에서 국제협력한의사로 활동하면서 3년간의 임기 동안 꼭 해보고 싶었던 일 중 하나가 바로 국제학술대회에서의 논문 발표였다. 국제무대에서 활동하는 한의사로서 국제학술대회에서 논문을 발표하는 것은 개인적으로도 귀중한 경험이면서 대한민국 한의사를 대표해서 한국한의학을 홍보할 수 있는 좋은 기회라고 생각했었다.

논문을 발표할 국제학술대회를 찾던 중 2009년 9월 7일부터 11일까지 부탄에서 열리는 제11회 International Congress on Traditional Asian Medicine을 발견하고 바로 논문 심사를 요청했다. 한국한의학의 꽃이라 할 수 있는 사상의학을 소개하는 논문이 운 좋게 통과되어 발표 승인을 받았다. 모든 것이 순조로워 부탄에 관한 정보도 찾고 영어 논문 작성에 공을 쏟던 중 날벼락을 맞았다. 당시 각 사무소를 통해서 신종플루로 인해 '귀로여행 및 파견국 외 휴가 억제' 및 'Influenza A(H1N1) 위험지역 여행 및 출장 금지' 조치가 내려온 것이다. 3개월가량 열심히 준비했는데 모든 게 허사로 돌아간 것이다. 다행히 참가비는 미리 내지 않아 금전적 손실은 없었지만 아쉬운 마음에 며칠간 잠

못 드는 밤을 보내야 했다.

이렇게 한 번의 좌절을 겪고 국제학술대회에서의 논문 발표는 그냥 잊고 있었다. 그러나 귀국이 가까워지는 2009년 12월 불현듯 아쉬움이 밀려 왔다. 기회가 있을 때 놓치지 말고 가야 한다는 생각에 부랴부랴 준비를 시작했다. 다시 한 번 국제학술대회 일정을 찾아보니 2010년 일본 치바에서 2월 26일부터 28일까지 열리는 제15회 국제동양의학학술대회가 내가 갈 수 있는 유일한 국제학술대회였다. 주제는 '서양의학과 동양의학의 조화'로서 동양의학의 전 분야에서 논문을 모집했다.

마침 나는 2009년 4월부터 우즈베키스탄 타슈켄트 국립의과대학 학생들을 대상으로 동양의학에 관한 관심도와 한 · 우친선한방병원에서 진행된 한국한의학 수업의 평가를 위해 설문조사를 해오고 있었다. 나는 이 설문조사를 바탕으로 내 3년간의 임기를 마감하며 기념으로 논문을 하나 작성해서 국내 학회지에 발표하려고 준비 중이었다. 논문의 목표가 국내학회지 발표에서 국제학술대회 발표로 바뀌어 논문의 영어 번역 작업이 필요했다. 다행히 영어를 능수능란하게 하는 후임 국제협력한의사 이길준 선생의 도움으로 번역 작업의 완성도가 높아졌다.

논문을 보내고 심사를 기다리는데 답변을 기다리는 하루하루가 긴장의 날들이었다. 마지막 기회였지만 못 가게 되더라도 크게 마음 쓰지 않는 달관의 자세를 가지려고 노력했지만 쉽지 않았다. 결국 논문 심사가 통과되어 국제학술대회에 참가할 수 있는 행운을 얻게 되었다. 모든 게 수월하게 진행되는 듯했다.

그런데 복병은 따로 있었다. 그것은 바로 KOICA의 승인 문제였다.

이번에는 참가비도 미리 납부한 상태인지라 만약에 승인을 해주지 않으면 금전적으로 큰 손실을 입을 상황이었다. 전전긍긍의 시간을 보내던 중 마침내 KOICA로부터 승인을 받았고 이에 탄력을 받아 논문 발표 준비에 온 힘을 쏟기 시작했다.

2010년 2월 26일 한국의 한의사들과 일본 도쿄로 가는 대한항공에 몸을 실었다. 일본을 세 번 방문한 적은 있었지만 이번에는 여행이 아닌 학술대회 참가가 목적이기 때문에 감회가 남달랐다. 나의 논문 제목은 〈Reviewing the Advancement of the Current Curriculum of Oriental Medicine in Uzbekistan〉으로 '우즈베키스탄에서의 현행 동양의학 교육과정 발전에 대한 검토'라고 해석할 수 있겠다.

논문을 쓰게 된 배경은 한의학의 세계화를 위한 기존의 연구[5) 6)]에서 영어 교육의 확대, 국외 연구 혹은 교육기관과의 인적교류확대, 외국 저널 학습의 활성화, 한의학을 영어로 강의할 교원의 확보, 해외 전문 한의사의 육성 등을 대안으로서 제시하고는 있지만, 영어권을 제외한 나라에서의 한의학 교육에 대한 연구는 없었기 때문이다. 한의학의 세계화가 반드시 한의학의 영어화가 아니기 때문에 영어권이 아닌 각국의 상황에 맞는 한의학 교육과정을 기획하고 운용하기 위한 미래 지향적인 대안이 필요한 시점이라고 생각했다.

거두절미하고 논문의 결론만 얘기하자면 설문조사를 통해 우즈베키스탄 의과대학 학생들은 자발적으로 동양의학에 관한 사전지식을 습득했음을 알 수 있었다. 또한 향후에 보다 더 전문적인 한의학 관련 강의를 수강하겠다는 학습 의지가 있는 학생들이 상당수였다. 이에

---

5) 《중 · 장기 한방육성대책수립연구》(한국보건산업진흥원, 2002.12.)

6) 신현규, 《한의학의 세계화 전략 방안 연구》(한국한의학연구원, 2001.8.)

우즈베키스탄 의과대학 학생들의 한국한의학 교육을 위해서 정규 교육과정으로서의 적절한 교육 방법, 교육 내용 및 교수 요원의 자격을 유지, 관리하기 위한 연구가 시급함을 강조하였다. 특히 강좌의 목표 성취를 위해서는 한국한의학을 대표하는 서적들의 러시아어와 우즈베키스탄어 번역이 필수적이며, 이와 함께 우즈베키스탄 의과대학 학생들에게 적절한 교재의 개발이 필요함을 강조했다. 그리고 한국한의학의 실습과정 운영을 통해 학생들의 임상효과를 스스로 체험하고, 관심 분야 및 학습 수준에 맞추어 교과과정 개발이 지속적으로 이루어져야만 우즈베키스탄 내에서 교육과정으로 확대 발전해 나갈 수 있을 것이라고 주장했다.

스스로 평가하기에도 뛰어난 논문은 아니지만 일단 문제제기라도 했으니 똑똑한 사람들이 앞으로 많은 연구를 진행해주길 바랄 뿐이다.

학술대회가 진행되는 곳은 도쿄에서 1시간 정도 떨어진 치바라는 곳이었다. 바다가 근접해 있는 이곳은 휴양지이기도 하지만 크고 작은 학술대회가 집중적으로 열리는 장소로 유명하다고 한다. 치바 한가운데 자리 잡은 거대한 고층 건물들은 비바람이 많은 기후를 고려하여 구름다리로 연결되어 있었다. 근 3년간을 넓디넓은 우즈베키스탄 평원만을 보고 살다가 높디높은 육중한 고층 건물들을 보고 있자니 현기증이 일었다.

현기증이 채 가시기도 전에 바로 참석한 국제동양의학회 환영식에서 우연히 한 일본 의사 할아버지와 인사를 나눴다. 할아버지가 먼저 말을 걸어오셨는데, 영어와 한자를 섞어 가면서 이야기를 해보니 보통 분이 아니었다. 올해 72세인 와타나베 할아버지는 정형외과 의사로 통증질환에 한의학적 치료법을 많이 사용한다고 한다. 많은 나이에도 정력적으로 학술대회에 참석도 하시고 논문 발표를 하시는 모습이 참 멋있게 보였다. 열심히 사는 사람은 나이에 관계없이 언제나 청춘이라는 말을 새삼 깨닫는 순간이기도 했다. 와타나베 할아버지에게 KOICA에 대한 소개도 해주고, 한국의 한의사는 국제무대에서 활동한다는 설명을 해드렸더니 많이 놀라워하셨다. 특히 우즈베키스탄에서 한의학을 보급하고 있는 나의 일에 많은 관심을 보이시며 응원을 해 주셔서 큰 힘을 얻는 계기가 되었다.

학술대회는 한국, 일본, 중국, 대만, 미국 등 현대 동양의학 연구의 G5라고 할 수 있는 국가에서 주로 참석하였다. 각국에서 다양하게 진행되는 동양의학에 관한 연구를 발표하고, 발표된 연구를 비판하며, 모두가 함께 배워 나가는 자리라고 볼 수 있겠다. 나는 동양의학 교육 분야에서 포스터 발표를 할 수 있었다.

▶ 국제협력한의사로 근무하면서 국제학술대회에 꼭 한번 논문을 발표해보고 싶었다. 일본 국제동양의학회 발표 논문 포스터 앞에서.

국제동양의학회에 참석한 목적은 논문 발표를 하는 것 이외도 2010년 4월 2일 개최될 우즈베키스탄 한국한의학 학술대회의 참가자를 섭외하기 위함도 있었다. 우즈베키스탄 의사들을 중심으로 학회를 창립하고 이어 학술대회를 준비했지만 한국에서 학술대회에 선뜻 오겠다는 사람이 아무도 없었다. 많은 협회와 학회, 연구원 등에 부탁도 드리고 참가를 요청했지만 돌아오는 대답은 무응답이거나 참석하기 위해서는 항공편과 숙식을 요구하기도 했다. 영리를 추구하지 않는 병원인 것을 알 터인데 그런 요구를 하는 걸 보면 내가 너무 순진하게 생각하고 일을 진행했던 것 같다.

학술대회는 수포로 돌아갈 것이라는 주위 사람들의 충고에도 나는 항상 믿었다. 누군가는 분명히 온다! 나와 뜻을 같이 하는 사람들은 분명히 학술대회에 참석한다! 그래서 가장 중요한 것이 나와 뜻을 같이 하는 사람을 직접 만나서 내 진심을 전달하는 일이라고 생각했다.

학술대회 시간표를 보니 2월 27일 밤에 유료 파티가 있었다. 그 파티는 각국의 참가자들이 모여 학술대회를 마무리 짓는 자리라고 예상되었다. 그 자리라면 중요 인사들을 다 만날 수 있겠다 싶어 15,000엔

나이는 숫자에 불과하다. 한의학에 대한 열정이 남다르신 와타나베 선생님과 함께, 일본에서는 한국과 달리 의사들을 중심으로 한의학을 연구하는 풍토가 정착되어 있다.

의 거금을 주고 파티에 참석했다. 예상대로 그 자리에서 대한한의사협회 임원진과 대한한방해외의료봉사단 관계자를 만날 수 있었다. 이제까지 전화와 이메일로만 이야기를 나누던 사람을 직접 만나니 오랜 펜팔친구를 만난 듯 떨려왔다.

우선 대한한방해외의료봉사단의 김호순 단장님에게 부탁을 했다. 말이 끝나기 무섭게 김호순 단장님은 학술대회 참가자를 섭외해주셨다. 김호순 단장님 역시 우즈베키스탄에서의 한국한의학 발전을 기대하고 계셨고 반드시 실현시키겠다는 의지를 불태우셨다. 그때 섭외된 구헌종 원장님(LOHAS 한의원), 맹원모 원장님(맹화섭 한의원) 두 분은 나의 활동에 지지를 보내시며 흔쾌히 학술대회 참가를 결정해 주셨다.

치바에 대해서 또 하나 알아야 할 것은 한국 야구팀 한화이글스에 있다가 일본으로 간 김태균 선수가 몸담고 있는 지바롯데가 바로 이 지역 연고팀이라는 것이다. 난데없는 얘기지만 김태균 선수의 선전을 기대한다.

이렇게 일단 참가자는 확보했으니 이제는 금전적인 후원을 받아야 했다. 대한한의사협회 이종안 국제이사님께 우즈베키스탄 사정을 설명하고 도움을 요청했다. 이종안 이사님 역시 절대적인 지지를 보내 주시면서 협회 차원의 후원이 잘 해결될 수 있도록 도움을 주겠다고 하셨다.

근 6개월간 전전긍긍하면서 해결하지 못했던 학술대회 문제는 이렇게 단 2시간 만에 해결되었다. 지성이면 감천이라고 나의 노력이 헛되지 않아 너무나 기뻤으며 나와 뜻을 같이하는 분들을 직접 만나 악수를 나눌 수 있어서 든든했다. 2010년 4월 2일에 우즈베키스탄에서 열린 학술대회는 바로 이렇게 일본 치바에서 완성된 것이다.

11

제1회 우즈베키스탄 한국한의학 학술대회

학술대회를 개최해 보겠다는 무모한 작심은 한국한의학을 공부한 우즈베키스탄 의사들을 중심으로 학회를 창립하겠다고 결심하던 때와 같이한다. 학회가 활성화되기 위해서는 정기적인 학술대회를 통해 회원 상호간의 단합을 유도하고 최신 정보를 공유하는 것이 필수적이라고 생각했기 때문이다.

우즈베키스탄 한국한의학 학술대회는 많은 우여곡절 속에서 진행되었다. 잘 마무리되어 지금은 안도의 한숨을 쉬고 있지만, 당시에는 성사여부가 매일매일 바뀌는 긴박한 순간이었다.

학술대회를 개최해 보겠다는 무모한 작심은 한국한의학을 공부한 우즈베키스탄 의사들을 중심으로 학회를 창립하겠다고 결심하던 때와 같이한다. 학회가 활성화되기 위해서는 정기적인 학술대회를 통해 회원 상호간의 단합을 유도하고 최신 정보를 공유하는 것이 필수적이라고 생각했기 때문이다. 누구나 이 생각에 공감하고 학술대회의 필요성에 공감했다. 하지만 공감만으로는 학술대회가 열리지 않는다. 실제로 학술대회가 열리기 위해서 가장 필요한 것 두 가지는 경제적 후원과 참가자다. 이 두 가지는 하늘에서 뚝 떨어지는 것이 아니고 발로 뛰어다니면서 찾아야 한다는 것을 몸소 뼈저리게 체험했다. 지금 나에게 다시 학술대회를 개최해보라고 하면 조용히 도망가고 싶다.

학술대회 개최를 위해 먼저 후원을 구해야 했다. 한·우친선한방병원은 비영리 병원이므로 큰 규모의 학술대회를 개최할 만한 장소조차 섭외하기가 불가능했다. 그래서 생각해낸 것이 대한한의사협회에서 후원을 받는 것으로 가닥을 잡았다. 일단 어느 정도의 경제적 후원이 가능하다고 생각되어 부족한 부분은 학술대회 참가자들의 참가비로써 충당하려고 했다.

하지만 우즈베키스탄 정서상 학술대회에 돈을 받는 것은 불가능하다는 의견이 많았다. 특히 공동 주최자인 우즈베키스탄 민족의학회에서는 참가비를 절대 받아서는 안 된다고 강변하였다. 학술대회 규모를 절반으로 줄이면 해결할 수도 있는 일이었지만 결국 내가 후원인을 더 모아서 해결하기로 결심했다. 만약 일이 안 풀리면 내 돈을 털어서라도 번듯한 학술대회를 개최할 각오를 다졌다.

대한한방해외의료봉사단에도 지원을 요청했다. 하지만 이렇게 경제적 후원을 해결한다 해도 남아 있는 문제가 있었다. 그것은 바로 학술대회를 개최하면서 한·우친선한방병원뿐만 아니라 '한국동양의학침반사요법사분과'의 대외적 인지도를 높이고 싶은 욕심이었다. 이를 위해서는 영향력 있는 유관 단체의 참여가 필요한데 어느 단체와 협력 관계를 맺어야 할 것인지가 큰 고민이었다.

여러 단체를 물색하는 중, 2010년 2월에 있었던 우즈베키스탄 전통의학회 주최단체인 'FUND FORUM' 관계자와 이야기를 나눴다. 샤흐노자 우마로바는 〈Женское собрание:여성회의〉의 대표로서 우즈베키스탄 여성의 유방암 관련 국제학술대회와 각종 건강 관련 세미나를 개최하는 등 주로 국제적인 프로젝트 담당자였다. 다행히 첫 만남에서부터 한·우친선한방병원에 많은 호감을 나타내었고, 적극적 지원을 약속했다. 특히 우즈베키스탄 언론사와 많은 친분이 있어 학술대회의 언론 기사화에 힘써 주겠다고 해서 얼마나 고마웠는지 모른다. 물론 세상에 공짜는 없다고 이에 대한 대가로 학술대회에 관해서 이것저것 참견이 많았지만 그 참견도 결국은 학술대회의 완성도를 높이는 데 중요한 일부분이었다.

이제 남은 문제는 학술대회 발표자를 선정하는 문제였다. 기본적으로 학술대회에 대한한의사협회와 대한한방의료봉사단의 회장단을 초청하기로 하였으나, 하필 학술대회 기간이 회장단 교체 기간과 겹쳐서 불가능했다. 거기다가 한국의 여러 학술단체와 협회에 문의하였으나 긍정적인 답변은 단 하나도 없었다. 무응답이 태반이었고, 어쩌다 답변을 주는가 싶으면 항공료와 숙박료를 부담하라는 요구를 해서 간곡히 거절의 뜻을 전했다. 학술대회 발표자가 정해지지 않자 마음이 불안해지기 시작했다. 동네방네 떠벌리고 다닌 일이 결국 수포로 돌아가는 듯했다. 주위 모든 사람이 불가능하다고 했다. 누가 자기 돈 내고 이 멀리까지 오겠느냐는 것이다.

하지만 난 희망을 가졌다. 논리적으로 설명할 수 없지만 누군가는 분명 와서 한국한의학에 대한 발표를 하게 되리라고 믿었다. 후에 일본에서 열린 국제동양의학회에 참석하여 발표자를 섭외하게 되었을 때 마치 복권에 당첨된 듯이 기뻤던 것도 다 이런 속사정 때문이었다.

나는 우즈베키스탄을 떠나는 날 제1회 우즈베키스탄 한국한의학 학술대회를 개최했다. 마지막 날까지 벌린 일 수습하느라 힘들었지만 지나고 보니 아쉬움이 많다.

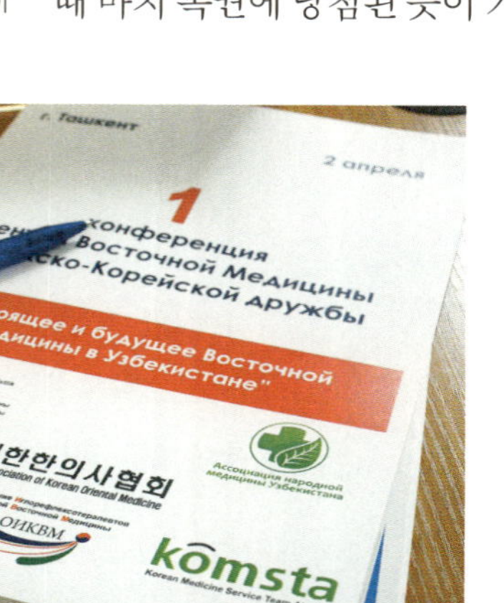

드디어 4월 2일 대한한의사협회, KOICA, 대한한방해외의료봉사단이 후원하고 한·우친선한방병원과 우즈베키스탄 민족의학회가 공동 주최한 '제1회 우즈베키스탄 한국한의학 학술대회'가 '우즈베키스탄 동양의학의 현재와 미래'라는 주제로 우즈베키스탄 타슈켄트 엑스포호텔에서 개최됐다. 70

여 명이 참석한 가운데 진행된 학술대회는 리 빠벨 안드레이비치 한국동양의학 침반사요법사분과 회장과 무하마드 함라예브 우즈베키스탄 민족의학회 회장의 공동사회로 진행되었으며, 한국의 구헌종(LOHAS 한의원) 원장, 맹원모(맹화섭 한의원) 원장 및 우즈베키스탄 민족의학학회 회원 등 총 8편의 논문 발표로 진행됐다.

우즈베키스탄 보건부에서도 학술대회에 참가하여 한국한의학에 대해서 우즈베키스탄 정부가 많은 관심을 가지고 있음을 밝혔다. 구헌종, 맹원모 원장의 발표를 통해 한국한의학의 우수성을 학회 참석자들에게 널리 알렸으며 많은 관심과 호응을 얻었다. 또한 우즈베키스탄 텔레비전, 라디오, 신문사의 취재를 통해 대외 인지도를 많이 높일 수 있었다. 내가 학술대회를 개최하면서 기대한 것은 우즈베키스탄에서 동양의학에 관한 관심이 증가하고 있는 상황에서 학술대회를 통해 한국한의학의 우수성을 널리 알리는 한편 양국 간에 정치, 경제적 교류뿐만 아니라 전통의학 분야에서의 활발한 상호협력이 진행되는 것이었다. 또한 우즈베키스탄이 자국의 전통의학을 발전시키는데 있어 대한민국이 롤모델로서 역할을 하길 바랐다.

한 번의 학술대회만으로 양국의 전통의학 발전이 획기적으로 이루어지지는 않겠지만, 이 학술대회를 통해 양국 간 상호협력의 첫 단추는 잘 끼워진 걸로 스스로 평가하고 싶다.

학술대회 폐회사를 하면서 작별인사를 할 때 목소리가 많이 떨렸다. 서운하기도 하고, 오만 가지 감정이 나를 흔들었다. 펑펑 눈물을 흘리진 않았지만 내 슬픔이 전해졌는지 정말 우는 사람도 몇몇 있었다. 나는 다시 돌아오리라고 약속했다. 10년 아니 20년 후일지도 모르지만 다시 돌아와 학문적으로 많이 발전해 있을 그들의 이야기를 경청할 것이다. 그리고 많이 기뻐할 것이다.

학술대회를 마친 후 나는 더 바빠졌다. 공교롭게도 내가 우즈베키스탄에서 근무를 마치고 떠나기로 한 날이 바로 4월 2일이었기 때문이다. 그러다 보니 학술대회 준비와 사암침 번역서 출간 준비를 같이 진행하면서 동시에 우즈베키스탄을 떠날 준비까지 해야 했다. 신경도 많이 쓰고 몸도 고됐지만 콧노래를 부르며 할 수 있었다. 하나하나 눈앞에 닥친 일들을 완성해 가면서 피로는 눈 녹듯이 사라졌다.

4월 1일에 사암침 번역서 출간과 이사 준비를 마무리하고, 4월 2일에 학술대회를 마친 후 대사관 만찬에 참석하는 빡빡한 일정 속에서도 나는 웃음이 나왔다. 그것은 아마 성취감이라는 피로회복제의 영향이었을 것이다.

4월 2일 밤. 모든 일들을 끝내고 나니 다리가 후들거리고, 식은땀이 나며, 목소리가 잠기고, 눈꺼풀은 무거워 눈을 뜰 수 없었지만, 나는 곧 우즈베키스탄 국제공항에서 라트비아행 비행기를 타야만 했다. 피곤에 푹 절어 비행기 좌석에 죽은 듯이 기대앉아 있었지만 가슴은 뛰고 있었다. 우즈베키스탄을 떠나는 것이 즐거워서가 아니라 내가 꿈꿔왔던 대부분의 일들을 다 이룩하고 떠나는 것이 기뻐서였다. 나는 3년 동안의 긴 여정을 끝내고 피곤과 더불어 행복을 같이 느끼며 우즈베키스탄을 떠났다.

1. 학술대회 현장. / 2. 학술대회 중간에 인터뷰하느라 정신 없는 나. / 3. 학술대회를 지원한 KOICA.

12

제4회 대한민국 해외봉사상 수상

많은 사람들이 다른 목적과 이유를 가지고 봉사활동을 펼친다. 강요된 봉사활동도 있으며, 대가를 바라는 봉사활동도 분명히 있다. 어떠한 동기로 봉사활동을 하든 나는 사람들이 자기 자신을 사랑할 수 있는 기회를 많이 갖는 것을 바란다. 자기 자신을 사랑할 수 있어야 타인을 사랑할 수 있다.

나는 2009년 12월 29일에 제4회 대한민국 해외봉사상 KOICA 이사장 표창을 수상했다. 나 말고도 훌륭한 봉사단원들이 전 세계에서 열심히 활동하고 있는데, 나 같이 부족한 사람이 상을 받게 돼서 참으로 부끄러웠다.

해외봉사상 수여 이유를 대략 살펴보면 '2007년부터 주 2회 정기적으로 금연, 금주, 금마약침 시술을 통해 현지 주민 건강증진을 지원하고 있으며, 정기적인 순회 진료 봉사활동과 비정기적 지방 의료봉사를 통해 우리나라의 이미지를 각인시킴'이라고 되어 있다.

사실 우즈베키스탄에서의 나의 봉사활동은 혼자만의 힘으로는 절대 할 수 없는 것이었다. 한 · 우친선한방병원의 선임 원장님들과 후임 국제협력한의사와 물리치료사 그리고 병원 직원 모두의 도움이 절대적이었다. 그래서 나는 한 · 우친선한방병원과 인연이 있는 모든 사람들과 함께 이 상을 받았다고 생각한다.

어쨌든 내가 이 상을 받으면서 가장 기뻤던 것은 한의사도 국제협력 업무를 통해 충분한 성과를 거둘 수 있음을 인정받았기 때문이다. 개인적으로도 영광이지만 전체 한의사를 대표해 국제무대에서의 한방진료 봉사활동을 통해 한의학의 가치를 증명하게 되어 너무나 기뻤다. 이런 큰 상을 받았다고 해서 나 스스로가 다른 사람들보다 봉사정신이 투철한 사람으로 평가 받는 것은 굉장히 부담스럽다. 난 그저 봉사활동을 좋아하는 사람으로 평가 받고 싶다.

나는 한의과대학 재학시절에 이곳저곳 참 많이도 봉사활동을 다녔다. 그렇게 봉사활동을 많이 다니게 된 계기는 '보륜(普輪)'이라는 소록도 의료봉사 동아리에서 활동하며, 한센병(나병) 환우들에게 봉사활동을 할 수 있는 기회를 얻고 나서부터다. 육체적 고통은 물론이고 사회의 냉대와 차별, 편견으로 인해 이루 말할 수 없는 슬픔을 감내하면서 살아왔던 한센병 환우들에게 봉사활동을 펼치면서 가장 많이 들었던 말이 있다.

그것은 바로 "선생님을 위해 기도할게요"였다.

그때까지의 내 사고방식으로는 이렇게 고통 속에 신음하면서도 타인의 행복을 위해 기도를 해준다는 게 이해가 되지 않았다. 나를 위해 기도하기 전에 본인들을 위해서 기도해야 하는 것이 당연하다고 생각했다. 그러나 이상하게 종교도 없는 내가 그 말을 들을 때마다 가슴이 울컥하고 눈앞이 뿌옇게 되기 일쑤였다. 단순히 기도에 대한 고마움 때문만은 아니었다.

그 이유를 굳이 글로 표현하라고 하면 내가 나 자신에 대해 조금씩 자존감[7]을 느꼈기 때문일 것이다. 그 전까지의 봉사활동은 나의 우월의식을 키우는 하나의 수단이었음을 고백해야겠다. 말하자면 남들에

---

7) 자존감은 자신의 존재를 존중하는 마음을 말한다. 자신의 상황과 능력에 만족하고 스스로 자신을 사랑할 수 있는 마음이라고 할 수 있겠다. 자존감에 대한 자세한 설명을 원하시면 《나를 사랑하게 하는 자존감》(이무석, 비전과 리더십)을 읽어보시길 추천한다.

게 자랑 삼아 봉사활동을 한 것이다. 소록도에서 봉사활동이랍시고 깝죽거린 것도 다 그런 목적이 시작이었다.

하지만 나라는 존재가 타인이 기도를 해줄 만큼 축복 받는 존재라는 걸 알았을 때 나에게 있어 봉사활동의 의미는 180° 바뀌었다. 실적 쌓기식의 봉사활동이 아닌 남을 위하지만 그 궁극은 나를 위하는, 결국은 나와 남이 모두 행복해질 수 있는 봉사활동으로 말이다. 그 후부터 봉사활동은 나 자신을 사랑하는 일이요, 자존감을 키우는 삶의 필수요소가 돼버려 내 생활에 중요한 일부가 되었다. 그러나 학생이 아닌 직업인으로서의 한의사가 되고난 후 봉사활동에 대한 관심은 사라져버렸다. 매일매일 진료를 하는데 쉬는 시간에도 진료를 하고 싶진 않았던 것이다. 그렇게 완전히 꺼져버린 봉사활동에 대한 관심을 새삼 다시 불타오르게 만든 것이 바로 3년간의 국제협력의사 활동이었다. 3년이라는 시간 동안 차곡차곡 쌓인 자존감 덕분에 앞으로 봉사활동을 지속할 수 있는 열정의 불이 내 마음속에 활활 타오르고 있다.

많은 사람들이 다른 목적과 이유를 가지고 봉사활동을 펼친다. 강요된 봉사활동도 있으며, 대가를 바라는 봉사활동도 분명히 있다. 나는 이런 경우조차 봉사활동을 추천한다. 어떠한 동기로 봉사활동을 하든 나는 사람들이 자기 자신을 사랑할 수 있는 기회를 많이 갖는 것을 바란다. 자기 자신을 사랑할 수 있어야 타인을 사랑할 수 있다.

봉사활동 참여 여부를 고민하는 많은 사람들이여! 아직 세상은 봉사활동을 할 수 있는 사람보다 할 수 없는 사람이 더 많다. 고민하고 있다는 것 자체만으로도 당신은 복(福)받은 사람이다. 어렵게 생각하지 말고 참여하시라! 당신의 존재가치는 더욱 빛날 것이다.

13

사족(蛇足)

나 역시 지난 3여 년의 봉사활동을 되돌아보며 내가 도움을 주면서 동시에 도움을 받아왔다는 결론을 내린다. 우즈베키스탄에서의 봉사활동을 통해 나 자신의 존재가치를 똑바로 볼 수 있었고, 자기계발에 매진할 수 있는 동기를 부여 받았기 때문이다.

한국을 떠나올 때의 눈물 섞인 작별인사가 무색할 정도로 우즈베키스탄에서 근무하는 3년 동안 4번이나 한국을 다녀갔다. 임지(任地)부터 예상을 빗나가더니 우즈베키스탄 생활은 내가 한국에 4번이나 와야 할 만큼 뜻밖의 사건들로 가득했다.

게다가 우즈베키스탄에서 근무하면서 내 욕심으로 시작하여 여기저기 일을 벌이고 좌충우돌하며 많은 사람을 피곤하게 만든 것을 인정한다. 내 잔소리를 들어 가며 한 · 우친선한방병원 로고뿐만 아니라 한의학 강의 홍보포스터와 한국동양의학 침반사요법사학회 로고를 만들어준 물리치료사 신아름 봉사단원은 일전에 나에게 불평어린 목소리로 이렇게 말한 적도 있다.

"일 좀 그만 벌리시죠, 피곤해 죽겠어요!"

하지만 나는 잠시도 가만히 앉아서 시간을 보낼 수 없었다. 항상 '평생 우즈베키스탄에 살면서 봉사활동을 할 수 있는 것이 아니다. 3년이라는 시간뿐이다. 그 시간은 길다면 길지만 나에게는 너무 짧다. 곧 나는 떠난다'라고 속으로 되뇌며 게을러지지 않으려고 노력했다.

3년간의 봉사활동을 돌아보니 먼 이국에서 의료봉사를 하면서 가장 어려웠던 점은 말이 통하지 않는 것이었다. 하지만 언어적 한계 때문에 결코 넘지 못할 벽은 없다.

환자들은 한결같이 도움의 손길을 원하고 있었기에 그들에게 다가가고 진료하는 것이 그리 어려운 일은 아니었다. 훌륭한 통역들이 있어 진료에 무리가 없었고, 어쩌다 나의 미숙한 러시아어와 우즈베키스탄어가 통하지 않는 상황에서는 진료 받는 사람들 중에 한국어나 영어를 잘하는 사람이 한두 명은 꼭 있어서 진료를 도와주곤 했었다.

이런 경험을 통해 내가 내린 결론은 도움을 필요로 하는 사람에게 진심을 가지고 봉사활동을 하고자 하면 어떤 식으로든 좋은 결과가 나올 수 있다는 것이다. 조금 거창하게 말하자면 하늘이 돕고 땅이 돕는다.

임기의 절반 정도가 지나간 시점에 이르렀을 때 우즈베키스탄에서 내가 떠난 후를 냉정하게 생각해 보니, 봉사자가 봉사활동을 아무리 훌륭하게 마쳤다고 하더라도, 떠났을 때 모든 것이 원점으로 돌아간다면 그것은 충분치 못한 결과라고 생각했다. 또한 봉사자가 없어도 봉사자가 했던 활동이 계속 이루어질 수 있도록, 그리고 되도록 자생적으로 진행되도록 만들어 놓고 가야 한다고 믿었다.

국제협력을 담당하는 한의사로서 진료만 하고 끝나는 것이 아니라 파견 기간이 만료된 이후에도 지속적인 한의학 진료가 행해질 수 있는 환경을 조성하는 것이 더 중요하다고 생각했던 것이다. 그래서 현지 의사들을 대상으로 한 교육 등을 되도록 많이 하려고 노력했다.

또한 나는 우즈베키스탄 의사들이 자체적으로 한의학을 배워나갈 수 있도록 학회를 조직했다. 그 학회를 통해서 한국과 한의학 학술교류가 보다 더 풍성하게 이루어졌으면 하는 희망이 있었기 때문이다.

임기 3년의 시간이 모두 보람된 순간이었지만 우즈베키스탄 의과대학 학생들과 현지 의사들을 대상으로 한의학을 강의하면서 현지 의사들과 한의학적 치료법에 대해 함께 고민하고 이에 대해 활발하게 토론할 때 특히 큰 보람을 느꼈다. 어떤 면에서는 나보다 더 한의학을 사랑하는 우즈베키스탄 의사들을 보고 있자면 우즈베키스탄에서 한의학의 미래가 환하게 밝아지는 듯했다.

또한 우즈베키스탄뿐만 아니라 러시아와 CIS(Commonwealth of Independent States: 독립국가연합) 국가에도 한국한의학을 널리 알리고 싶은 욕심이 생겼다. 이와 관련하여 한국한의학 서적의 러시아어 번역이 필요하다고 생각하여, 한국한의학의 대표 서적인 《사암침법》을 병원 통역 선생님과 공동 작업으로 러시아어로 번역했다.

이런 노력으로 우즈베키스탄 의사들이 한국한의학은 물론 한국을 알아가고 나아가 우즈베키스탄 의학이 다양하게 발전하여 우즈베키스탄 국민들의 건강증진에 조금이라도 도움을 준다면 나는 더할 나위 없이 기쁠 것이다.

많은 사람들이 해외봉사활동을 준비한다. KOICA와 비정부기구(NGO) 단체뿐만 아니라 정부, 대학, 기업 등에서 연간 약 1만 명이 넘는 사람을 선발하여 해외봉사활동에 투입하고 있다고 하니 선발전 준비하는 사람까지 합하면 총 3~4만 명에 이를 것이다. 해외봉사활동은 대한민국을 대표하는 사람으로 외국에 가는 것이기 때문에 한국에 대한 좋은 이미지를 심어줄 수 있어야 하고, 파견국과의 문화적 차이를 인정하고 이해하는 것이 중요하다.

따라서 어떤 의미에서는 봉사활동이면서도 외국의 문화를 배워나갈 수 있는 유학(留學)일 수도 있겠다.

'우즈베키스탄, 나의 조국'이란 뜻이다. 나에게 우즈베키스탄은 제 2의 조국이다.

즉 봉사자만 일방적으로 도움을 주는 것으로 끝나는 것이 아니라 봉사자 역시 여러 면에서 도움을 받는 것이다.

나 역시 지난 3여 년의 봉사활동을 되돌아보며 내가 도움을 주면서 동시에 도움을 받아왔다는 결론을 내린다. 우즈베키스탄에서의 봉사활동을 통해 나 자신의 존재가치를 똑바로 볼 수 있었고, 자기계발에 매진할 수 있는 동기를 부여 받았기 때문이다.

지금도 그렇지만 우즈베키스탄에서의 모든 경험들은 언제나 나를 미소 짓게 할 것이다. 나는 십일조를 내는 기독교인은 아니지만 앞으로도 내 삶의 10분의 1은 다른 사람을 위해 살아보고 싶다. 내가 천국에 가고 싶어서가 아니라 나 역시 계속 도움을 받고 싶기 때문이다.

한국에 돌아와 2주일 만에 직장에 출근하였다. 3년 내내 일만 하고 온 것도 아닌데 첫 출근부터 피곤이 몰려왔다.

우즈베키스탄과는 사뭇 다른 직장 환경과 업무를 진행하는 속도에 기가 질린 것일까? 3년 만에 다시 겪는 한국에서의 직장 생활은 더 복

잡해졌고, 더 많은 시간을 직장에서 보내야 하며, 더 큰 책임감을 가져야만 했다.

하지만 금방 재미를 느꼈다. 이번엔 마치 우즈베키스탄 사람이 한국에 와서 일하는 기분이었기 때문이다. 모든 게 새롭고, 하루하루가 여행을 온 듯 소중하고 즐겁다.

한국에서도 봉사활동을 시작하기 위해 준비 작업에 들어갔다. 외국에서 온 이주노동자들을 지원하는 일에 많은 관심이 갔다. 외국에서 근무한 경험이 많이 작용했을 테고, 특히 우즈베키스탄 사람들은 다 내 오랜 친구 같은 친근감이 들었다는 게 이유라면 이유다.

여기저기 살펴보던 중 대전 지방에서 외국인 노동자를 위해 활발하게 활동하고 있는 '대전 외국인이주노동자 종합지원센터'에 전화를 걸었다. 그리고 매주 실시되는 외국인 노동자를 위한 의료봉사 현장에 참여하고 싶다고 문의했다. 나는 즉시 봉사활동을 할 준비가 되어 있었고, 빨리 참여하시라는 대답이 올 거라고 기대하고 있었다. 하지만

그것은 나만의 착각이었다. 이미 많은 한의사, 의사, 치과의사들이 순번을 정해서 봉사활동을 꾸준히 하고 있었던 것이다. 내 순번은 한참 뒤이거나 거의 불가능하다고 봐야 했다. 조금 맥이 풀리긴 했지만 이것은 나에게 굉장히 고무적인 일이 돼버렸다. 그리고 또 한번 깨닫는다, 한국에서는 웬만큼 부지런하지 않으면 봉사활동에 참가하기도 어렵다는 사실을.

나에게 있어 국제협력한의사는 과거형이 아니라 현재진행형이다. 나는 내일이라도 다시 우즈베키스탄으로 돌아가고 싶지만 지금과 같은 모습으로 간다면 후회가 많을 것이다. 지금보다 더 발전된 모습으로, 더 많은 연구를 하고 난 후 우즈베키스탄에 가고 싶다. 이렇게 나 스스로를 발전시키기 위해 많은 노력을 할 수 있는 힘이 생긴다는 자체가 나에겐 얼마나 큰 행운인지. 그 행운이 고마워 끝인사를 우즈베키스탄까지 들리도록 큰소리로 외친다. 아슴차이요(고마워요), 우즈베키스탄.

3년간의 국제협력의사 생활을 마감하는 19명의 동기들, 모두 국제협력의사로 활동했음에 긍지와 자부심을 느낀다.

우즈베키스탄에서 러시아어 독해 교재로 읽다가 다 읽지 못하고 한국에 가져온 파울로 코엘료의 《연금술사》 러시아어판을 펼쳐 본다.

마지막으로 읽고 해석했던 부분은 산티아고가 사막의 오아시스에 머물다가 만난 아가씨에게 청혼하는 장면이었다. 너무나도 유명한 연금술사를 아직 한국어로도 읽어보지 못한 나는 앞으로 산티아고의 삶이 어떻게 바뀔지 알지 못한다. 그러나 연금술사를 다 읽지 못했어도 벌써 깨닫게 된 사실이 바로 한 가지 있다.

책 속의 내용처럼 우리가 무엇인가를 간절히 원할 때 온 우주가 우리의 꿈이 실현되도록 도와준다는 사실 말이다.

내가 우즈베키스탄에서 나의 꿈들을 실현시킬 수 있었던 것은 결코 내가 잘나서가 아니란 걸 알고 있다. 이 사실을 인정하는 것이 그렇게 어렵지도 않았다. 진퇴양난의 상황에서 행운이 분명한 우연으로 일이 잘 해결되는 경우를 여러 번 겪고 나니 책의 구절을 읊조리며 무릎을 칠 수밖에 없었던 것이다.

러시아어 과외를 다시 시작해야겠다. 3년간 애써 배워왔던 러시아어를 잊고싶지 않고, 산티아고의 인생이 어떻게 될 지 궁금하기도 하고, 무엇보다 따분한 삶을 뜨거운 열정으로 녹여내어 황금처럼 고귀하게 만들어 내는 삶의 연금술을 책 속에서 알아내고 싶어서다.

이번에도 온 우주는 나를 도와줄까?

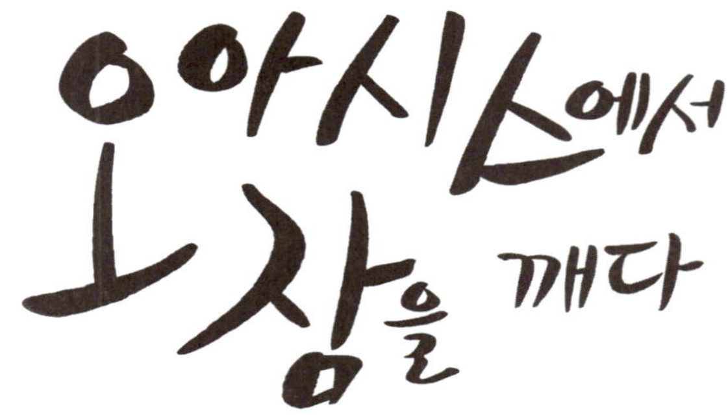

한국해외봉사단, 나눔과 봉사를 실천합니다

한국해외봉사단,
나눔과 봉사를
실천합니다

https://kov.koica.go.kr

01

World Friends Korea는 무.엇.인가요?

• • • 월드프렌즈코리아(World Friends Korea, WFK)는 우리나라 정부부처들이 개별적으로 추진해 오던 해외봉사단 사업을 단일브랜드로 통합한 새 이름입니다.

• • • "WFK"는 도움을 받는 나라에서 도움을 주는 나라로 성장한 경험을 통해, 개도국 이웃들의 어려움을 누구보다 공감하는 우리 국민들의 따뜻한 마음을 표현하는 이름입니다.

WFK는 '세계의 친구'로서 국제사회에 기여하는 한국인의 이미지를 더욱 선명하게 알리고, 앞으로 다 함께 잘 사는 인류사회 건설을 위한 아름다운 변화에 앞장설 것입니다.

WFK-한국해외봉사단
https://kov.koica.go.kr

WFK-대학생해외봉사단
http://kucss.kcue.or.kr

WFK-해외인터넷청년봉사단
http://www.kado.or.kr/kiv

WFK-중장기자문단
http://kov.koica.go.kr

WFK-개도국과학기술지원단
http://tpc.kicos.or.kr

WFK-퇴직전문가
http://www.nipa.kr

WFK-세계태권도평화봉사단
http://tpcorps.org

02

21세기 글로벌청년리더가 되는 길, WFK-한국해외봉사단

• • • WFK-한국해외봉사단은 2년간 개발도상국 주민들과 함께 생활하며 교육 및 직업훈련, 농수산업, 보건위생, 농촌개발 등 분야에서 기술 지원 및 교류 활동을 통해 그들의 삶의 질을 높이고, 더 나아가 우리나라와 파견국의 상호이해증진에 기여하게 됩니다. 귀국 후에는 해외봉사활동 경험을 우리 사회에 환원하고 21세기 글로벌 인재로서 능력을 발휘하는 기회가 될 수 있습니다.

WFK 한국해외봉사단은 개발도상국의 지속 가능한 경제 사회발전을 돕기 위한 공적개발원조 ODA 사업의 하나입니다.

WFK-한국해외봉사단 파견유형

일반봉사단, 시니어봉사단, 국제협력요원(국제협력봉사요원 국제협력의사)으로 나뉘며, 봉사정신이 투철하고 심신이 건강한 만 20세 이상 62세 이하의 대한민국 국민이면 누구나 지원할 수 있습니다.

일반봉사단원

군복무를 필하였거나 면제된 자로서 해외에서 봉사활동을 수행할 수 있는 일정 수준의 자격을 갖춘 만 20세 이상 62세 이하의 단원

시니어봉사단원

파견분야 10년 이상의 근무경력과 전문성을 갖춘 만 50세 이상 62세 이하의 단원

국제협력요원

해외봉사활동으로 병역의무를 수행

국제협력봉사요원 : 현역병 입영 대상자 또는 보충역으로 병역 처분을 받은 자 중 일정 수준의 자격과 건강을 갖춘 요원

(복무기간 30개월 중 국외복무 24개월)

국제협력의사 : 병역법에 의해 국제협력의사로 편입이 가능한 전문의 자격증 소지자 (복무기간 36개월 중 국외복무 28개월)

03

WFK
한국해외봉사단 모집 다양한 분야와 직종을 선발합니다

WFK-한국해외봉사단은 도움이 필요한
세계 각지에서 활동합니다.

WFK 한국해외봉사단 활동인원:
1,700명(2010년12월 기준)지난 스무 해 동안 56개국에 7,400여 명이 파견되었습니다

농어촌개발
개발도상국 농어촌 주민들과 함께 생활하며 지역의 소득증대, 생활환경 개선을 위해 활동하고 있습니다.

직종 농경제, 농기계, 농업일반, 수산양식, 수의사, 원예(작물), 원예(채소), 임업, 지역사회개발, 축산 등

산업 에너지
경제개발의 근간이 되는 산업 및 에너지 분야에 파견되어 관련 기술을 전수하고 있습니다.

직종 건축, 목공예, 도예, 기계, 식품가공, 용접, 의류직물, 자동차, 전기, 전자, 토목 등

보건의료
병원, 보건소 등에 파견되어 위생환경 개선, 전염병 예방, 모자보건 증진을 위해 활동하고 있습니다.

직종 간호, 물리치료, 방사선, 보건위생, 영양관리, 임상, 병리, 치위생 등

정보통신
정부부처, 관공서, 학교 등에서 활동하며, 개발도상국과 선진국간의 정보격차 해소를 목표로 우리나라의 우수한 보통신기술을 전수하고 있습니다.

직종 컴퓨터, 컴퓨터디자인, 유·무선 통신기술 등

교육
취학연령아동들이 대상으로 하는 기초교육기관, 성인을 대상으로 하는 중등교육기관, 미취업자 및 구직자를 위한 업훈련학교에서 활동하며, 전반적인 인적자원개발을 지원하고 있습니다.

직종 경영, 과학, 미술, 미용, 수학, 요리, 유아교육, 음악, 직업훈련, 체육, 특수교육, 한국어 등

행정제도
우리나라의 개발경험과 노하우를 개발도상국에 전수하여 지역정부의 행정능력 향상을 도모하고 있습니다.

직종 경제, 마케팅 등

환경 및 기타
주민들의 삶의 질, 문화협력 교류 증진을 위한 분야에 파견되어 양국간 우호 증진에 기여하고 있습니다.

직종 관광, 사서, 사회복지, 태권도, 환경 등

04

WFK
한국해외봉사단원
모집부터 출국까지
살.펴.보.기

모집선발상담센터 ☎
1588-0434

01 지원서접수

해외봉사단 모집기간 중 홈페이지에서 온라인지원서 작성 및 제출

02 서류전형

학력 경력 자격증 등 직종 전문성 평가

03 면접전형 (인성검사)

직종 전문성 평가 및 봉사자의 기본자세와 소양 점검

04 신체검사, 신용 및 신원조회

05 국내훈련 (4주 합숙훈련)

봉사정신 함양, 언어 · 소양 · 실무 · 안전관리교육 실시

06 출국 및 현지적응훈련(8주)

해외봉사단 지원서는 봉사단모집홈페이지 https://joinkov.koica.go.kr에서 등록 · 접수하실 수 있습니다.

05

해외봉사단원
활동기간 중 지원내역 및
안전관리는 이렇게...

WFK 해외봉사단원은 국내훈련, 현지적응훈련 및 봉사활동기간 중 안전하고 효과적인 활동을 위해 각종 지원을 받게 됩니다.

파견 전

국내훈련기간

국내훈련수당 및 훈련용품 지급

예방접종 및 휴대용 안전장비 지급

재해보상

출국준비기간

여권 및 비자발급 지원

왕복항공료 및 화물탁송료 지원

출국준비금 지급

파견 후

현지정착비

주거비 및 생활비

봉사단원 파견국 물가수준 고려 지급

활동지원

활동물품구입비, 현장사업비 등

봉사단 유숙소 운영(수도에 한함)

건강 및 안전 관리

- 재해 및 상해보험 가입
- 긴급후송서비스(SOS) 재난발생시 안전한 지역으로 후송
- 의료지원 상해 · 질병 치료비 지원 / 연간 정기 건강검진 실시 / 24시간 의료상담

KOICA 안전종합상황실

해외 긴급상황발생시 신속 대처할 수 있도록 24시간 운영합니다.

031.740.0640

06

해외봉사단원
활동종료 / 귀국 후 다양한
기회가 제공됩니다

KOICA 지원 및 기회제공

임기를 종료하고 귀국한 단원들에게는 신속한 국내 적응을 돕기 위해 국내정착금 및 취업 정보지원, 장학 혜택, 국제협력사업 참여기회 등이 제공됩니다.

국내정착지원금 지급

파견기간 중 적립한 소정의 금액(월40만 원)을 국내정착지원금으로 일시 지급

취업정보센터 운영

귀국단원들의 국내정착 위한 취업정보 지원센터 운영
해외취업정보제공 해외유망직종안내, 구인정보 제공

국제협력활동 지원

KOICA 직원채용시 우대 귀국봉사단원이 직원이 되면 봉사기간 경력 인정
해외봉사단관리요원, 유엔봉사단(UNV) 모집 귀국봉사단원 지원시 우대

장학금 지원

봉사 활동 분야 및 국제개발협력 관련분야 석・박사과정 진학 시 심사를 거쳐 장학생 선발

국내 봉사단네트워크

한국해외봉사단원연합회(KOVA) 봉사활동 경험을 살려 봉사문화정착과 제3세계 지원 등 공익적 사회활동을 목적으로 하는 귀국단원들의 모임
지역 커뮤니티 수도권 포함 총9개 국내 지역별 커뮤니티 운영

"주고오려 했는데 더 많은 걸 받아 왔어요"

해외봉사활동은 흔히 많은 것을 포기하고 희생하는 것으로만 여겨집니다. 그러나 경험해 본 이들은 오히려 얻은 것이 더 많다고 합니다.

"실질적 성과를 거두는 것도 중요하지만 그들 가운데 하나가 되는 것이 더 중요하다.... 혼자 할 수 있는 일이 거의 없었다. 그래서 도움을 주려고 왔는데 오히려 도움을 받고 간다."
한예현(도시계획, 2007-2008, 네팔에서 활동)

내가 가진 능력을 나누는 것은 보람 있는 일이며,
성숙한 인격을 완성하는 지름길입니다

"해외봉사활동, 그 특별함"

"다른 사람에게 내게 있는 것을 나누어 줄 때 그만큼 좋은 무언가가
내 안에 채워지는 것을 경험했다"

김영동(간호, 2007~2009 페루에서 활동)

한국국제협력단(KOICA)은 대한민국의 자랑스러운 이름을 지구촌에 널리 알릴 수 있습니다.

"시간이 지날수록 한국인이라고 알게 되고, 돈이 목적이 아닌 봉사, 나누러 왔다는 걸 알고
고마움을 표하는 사람들이 많아졌다"

김유신(사회복지, 2007~2009 방글라데시에서 활동)

07

더 좋은 세상
함께 만들어가요

Making a Better World Together

우리 정부의 대개도국 무상협력사업을 전담 실시하는 외교통상부 산하 정부출연기관으로 1991년 4월 설립되었고 프로젝트, 해외봉사단파견사업, 국내초청연수 등 다양한 사업을 통해 개발도상국의 경제사회발전을 지원하고 있습니다.

해외봉사단 모집선발상담센터

주소 : 경기도 성남시 수정구 대왕판교로 418 (461-833)
한국국제협력단 본관2층
운영시간 : 09:00-18:00 (중식 12:00-13:00)
전국공통전화 : 1588-0434
팩스 : (031)740-0662
홈페이지 : https://joinkov.koica.go.kr
모집상담이메일 : kov1@koica.go.kr

대중교통편 안내

- **광역버스** : 6800번
(지하철 강남역3번, 양재역7번 출구 노변정류장 승차
- 나라기록관 앞 하차)
- **광역버스** : 1007, 1007-1, 5600, 6900
(지하철 수서역6번, 잠실역6번 출구 수원방향 승차
- 나라기록관 앞 하차)
- 협력단~양재역 순환차량(25인승) 일3회 운행
(양재역 7번출구 100m전방 서초구민회관 앞
/ 10:30, 14:00, 16:30 출발)

KOICA 해외봉사단원 활동경험담

오아시스에서 잠을 깨다

저　　자　송영일
발 행 인　박대원
발 행 일　2010년 12월 30일
발 행 처　한국국제협력단
주　　소　경기도 성남시 수정구 대왕판교로 418
전　　화　031-740-0114
팩　　스　031-740-0655
홈페이지　http://www.koica.go.kr
책임편집　선형숙
디 자 인　윤의숙
펴 낸 곳　시나리오친구들 (02-712-9286)

ISBN 978-89-89538-28-8 (03040)
값 12,000원